그때그때 가볍게 산다

그때
그때

가볍게
산다

장성숙 지음

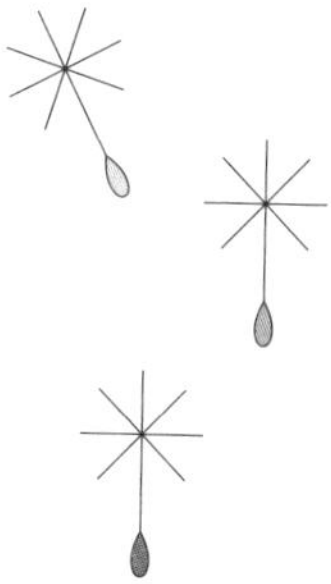

새벽세시

| 차례 |

1부

도망치지 않는다

2부

기대하지 않는다

3부

미워하지 않는다

4부

애쓰지 않는다

1부

도망치지 않는다

되면 좋고 안 되면 더 좋고

불행이 곳곳에 깔린 게 인생이다. 수많은 사람의 이야기를 듣고 나 자신 역시 세월을 겪다 보니, 어려움을 숱하게 겪는 게 특이한 일이 아니었다. 오히려 그 반대로 별 어려움 없이 순탄하게 사는 사람들이 특수한 경우임을 알았다.

이러한 세상을 살아가며 어느 순간부터 나는, 실수하거나 문제가 생기면 다음과 같이 생각하게 됐다.

'더 위험하거나 안 좋은 것을 피하도록 그런 실수를 저질렀거나 그런 일이 일어난 모양이다'라고. '되면 좋고, 안 되면 더 좋고!'라는 말처럼 상황을 긍정적으로 인식하려고 노력하는 것이다. 그나마 어려움을 덜 겪은 것에 감사히 여기는 식으로 생각을 돌려야 마음이 편해진다.

어차피 세상살이는 내 뜻대로 되는 게 아니다. 어느 정도 자신이 선택할 여지는 있겠으나, 예상치 못한 나쁜 상황들은 피하고 싶어도 피할 수 없다. 지뢰밭을 밟아가듯 그렇게 위태로운 게 인생이기에, 잘 사는 비결은 주어진 자신의 상황을 받아들이는 능력을 키우는 것이고, 가능한 한 긍정적으로 생각하는 것이지 싶다.

내일을 알 수 없으니

한 부인이 내게 상담대학원 진학에 대해 문의했다. 남편이 성실하고 반듯한 성격을 지닌 사람이지만, 버는 돈이 많지 않아 자신이 상담사가 되어 경제활동을 하려 한단다.

잘 살펴보니 그녀가 기대하는 남편상은 과할 정도로 비현실적이었다. 나는 그녀에게 과도한 기대는 자신의 결핍감 때문이라며 기대를 낮추는 게 급선무라고 했다. 아울러, 상담사로 돈을 버는 것은 가성비 면에서 썩 좋지 않다고 일러줬다.

몇 차례 상담하면서 나는, 그녀가 남편에게 가지는 불만이 자신의 문제임을 이해시키려 했지만, 그녀는 좀처럼 고집을 꺾지 않고 남편을 인색하게 대했다. 결국 별다른 변화 없이 나와의 상담을 끝낸 그녀는 기어이 상담대학원에 진학했다.

그러나, 막상 공부하다 보니 상담사라는 직업의 전망이 그리 밝지 않음을 발견했던 그녀는 두 학기를 마친 뒤, 교사 자격증을 따고자 다시 교육대학원에 입학했고 그러는 사이, 바쁜 엄마에게서 안정감을 느끼기 어려웠던 초등학생 딸은 틱 장애를 앓게 됐다. 그래도 그녀는 만약을 대비해야 한다며 학업을 이어갔고, 딸에게는 일주일에 한 번씩 놀이치료를 시켰다.

놀이치료를 위해 우리 상담소에 얼굴을 내비치는 그 부인을 볼 때마다 나는 묵직한 마음이었다. 자녀에게 안정감을 줄 수 있는 최적의 인물은 다름 아닌 엄마인 자신인데, 그것을 다른 치료사에게 맡기고 자기는 공부에나 매달리니 뭔가 잘못된 것 같았기 때문이었다. 몇 달 후, 아이의 상태가 호전됐다며 놀이치료를 종결하는 바람에 더는 그녀를 보지 못했다.

그런데, 얼마 전 그 부인의 소식을 들었다. 간암을 앓게 됐는데 손쓸 수 없을 정도로 전이된 상태라고 했다. 그러자 본인은 살고 싶다며 울부짖고, 가족들도 혼비백산이란다.

쿵 하는 심정을 면하기 어려웠다. 한 치 앞을 볼 수 없다더니 바로 그런 격이었다. 남편이 여차해 돈을 잘 벌지 못할 수도 있으니 자기라도 탄탄한 직장을 다녀야 아이들을 보살필 수 있다고 주장하며, 먼 미래를 위해 현재 아이의 정서가 엉망이 되어도 아랑곳하지 않고 공부에 매달리던 그 부인…. 그동안 꿈꾸고 준비한 모든 게 허망하게 됐다. 수년간 그렇게 애쓰며 대학원을 다니고 인제 임용고시 준비를 하고 있었는데 그렇게 죽음과 마주하게 됐으니….

다시금 '산다는 게 무엇일까?', '잘 사는 게 어떤 걸까?' 하는 생각에 골몰하게 된다. 생겨난 모든 것들은 사라지게 마련이듯 우리의 삶 또한 한시적인데…. 그 자체를 초월하고자 하는 거대한 담론은 별도로 젖혀둔다면, 주어진 그 기간에 잘 산다는 건 무엇보다 즐겁게 사는 것을 의미하는 게 아닐까 한다.

즐겁게 산다는 건 그야말로 각자의 주관에 달렸다. 사랑하는 거라 말하기도 하고, 무언가를 성취해내는 것이라 생각하기도 하고, 쾌락을 추구하는 거라 믿기도 한다. 하지만 각자의 성향이나 가치관대로 즐거워지는 방향이나 방법은 달라지더라도, 모든 것은 주어진 자신의 여건을 충분히 받아들이는 데서부터 출발해야 한다.

자신이 만난 상대에 대해서도 자신의 분수나 복이 그 정도임을 인정하고, 그 지점에서부터 한 걸음씩 나아가야 한다는 것이다. 그렇지 않고 현재에 불만족하면서 툴툴거리기만 한다면 자칫 상황만 악화시키지 않겠는가.

상처를 없애지 않는다

사람인 이상 누구나 크고 작은 마음의 상처를 지니고 있다. 그런데 현재에 만족스러우면 과거의 상처 따위를 굳이 떠올리려 들지 않지만, 뭔가 불편한 일이 생기면 그때부터 과거의 온갖 상처를 다 끌어들인다. 그러면서 당장 현실에서의 문제를 다루기 전에 자신의 내면을 깊게 다뤄야 한다고 말한다. 근본 원인을 해결해야 훗날 그러한 상처가 발목을 잡지 않을 거라고 믿기 때문이다.

그러나, 어느 정도 일상생활을 유지할 수 있는 사람이라면, 깊은 내면의 문제에 초점을 맞추기보단 현재 자신을 불편하게 하는, 즉 지금 여기에서 일어나고 있는 문제를 극복하게끔 노력하는 게 좋다. 깊은 내면을 분석하는 작업이 심오하거나 그럴듯해 보일지라도 그런 것들은 일반적이지 않아 실용성이 떨어지기 때문이다. 차라리, 살아 있는 현실의 문제와 씨름하며 상식을 배워 보편적인 안목을 갖추는 게 훨씬 유용하다. 게다가 한번 각인된 상처는 쉽게 사라지지 않기에, 상처를 없애려고 하는 것보다 이에 휘둘리지 않도록 힘을 키우는 게 훨씬 낫다.

정녕 과거의 상처를 다루고 싶다면, 일단 시시각각으로 영향을 미치고 있는 현재의 문제를 어느 정도 극복하고 난 다음 과거의 상처를 다루는 게 좋다. 그렇게 하지 않고 살아 있는 현재의 문제는 놔둔 채 이미 지나간 과거의 상처들을 먼저 해결하려 드는 건 지름길을 놔두고 우회도로를 찾는 격이다.

자신의 그릇대로 산다

우리가 살아가는 현실은 온갖 것들이 난무하는 복잡하기 이를 데 없는 곳이다. 뜻밖의 횡재를 만나기도 하고 무지막지한 일을 당하는 등 예측 안 되는 일들이 비일비재하다.

그런 가운데서도 비정하리만큼 엄정한 잣대나 질서가 작동하는 곳이 이 세상이다. '사람은 끼리끼리 만난다'라는 말도 그중 하나다. 겉보기에는 우연한 만남 같아 보이지만, 잘 살펴보면 자기 수준이나 그릇대로 만나지 그 이상으로 만날 수 없다.

그런데, 그렇게 비슷한 사람끼리 만났어도 크고 작은 갈등이 생긴다. 각자의 고집 때문이다. 자주 다투는 부부들을 만나보면, 다들 자기중심으로 세상을 바라보기 때문인지 얼마나 고집이 센지 모른다.

한두 번 말해도 안 들으면 그러려니 하고 상대의 눈높이에 맞추는 유연성을 보여야 하는데, 어쩌면 둘 다 그토록 자기 틀을 고수하는지….

그렇게 치달아가다가는 파국으로 갈 게 뻔한데도 요지부동이다. 설사 파국을 면한다고 하더라도 서로 감정이 상해 억지로 살게 된다면 돌이키기 어려운 손해인데도 말이다.

이러한 재앙을 막기 위해 우리가 항상 잊지 말고 기억해야 할 것은, 상대는 나와 비슷한 수준의 사람이지 그 이상이나 이하가 아니라는 사실이다. 유유상종이라고 비슷한 사람들끼리 만나는 것이기에 상대에게 과도한 욕심을 부리는 건 비현실적이다.

자기 삶의 주체는 자신이어야지 상대에게 의지하려다가

는 낭패를 보기 쉽다. 그러므로, 누구를 원망하거나 탓하는 건 부질없다는 것을 알고 남에게 바라기보단 스스로를 잘 달래어 자신의 틀을 넘어설 힘을 지니는 것이 바람직하다.

지금 여기 깨어있기

우리는 끊임없이 이 생각 저 생각을 하며 지내지 아무런 생각 없이 지내진 않는다. 간혹 멍할 때가 있긴 해도 자세히 보면 그런 순간에도 마음은 어딘가를 향하고 있다.

그런데, 이 마음이라는 것을 잘 살펴보면 생각이라는 이름 아래 과거나 미래를 헤매기 일쑤다. 현재에 머무르기보다는 주로 과거 아니면 미래를 떠도는 것이다. 이때 과거는 주로 후회나 분노의 색깔을 띠고, 미래는 주로 불안이나 두려움을 반영하고 있다. 특히 정신이 건강하지 않은 때일수록 그러한 경향이 짙다.

그렇다면 건강한 정신이란 다름 아니라, 생각이 과거나 미래가 아닌 현재에 머무는 상태라고 할 수 있다. 실제로, 생각이 과거나 미래로 떠도는 것을 막으면 그만큼 우리의 마음이 현재에 머물며 단순해지게 마련이다.

그러한 연유로 어느 순간부터 나는, 상담에 오는 사람들에게 복잡하게 생각하지 말고 그냥 지금 여기 즉 현재에 집중하라고 일러준다. 그것이 어려우면 현시점에서 자신이 할 수 있는 일에나 최선을 다하라고 한다. 그렇게 하여 괜한 망상이나 잡생각을 줄이면 그만큼 건강해질 수 있고, 현재에 집중해야 헛된 것을 좇지 않는다고.

잘 살펴보면, 우리가 영향을 미칠 수 있는 건 지금 여기뿐이지 과거나 미래가 아니다. 특히 미래는 지금 여기에서 한 행위의 결과가 쌓여 결정되는 것이므로, 미리 당겨 걱정해 봐야 소용없다. 그러므로 산란하게 쏘다니는 마음을 잡아 현재로 끌어오는 연습을 하는 게 바람직하다. 그렇게 하여 과거나 미래로 떠도는 것을 줄이면 그만큼 산란함도 줄고 마음이 편안해지니, 이것이야말로 일거양득이 아니고 무엇이겠는가.

시련은 사람을 키운다

강박증으로 오랫동안 고생한 부인이 있었다. 그녀는 지나간 사소한 일에 혹시 실수가 있지 않은지 수시로 확인하는 버릇을 가지고 있었다. 늘 자기로 인해 큰일이 생길까 봐 노심초사했다.

어느 날, 그녀는 내게 '시련이 사람을 키우는 것 같다'고 말했다. 자신의 강박증 덕에 아이를 덜 통제하기 때문이란다. 불안이 높은 사람이라 자녀에 대한 통제가 심할 것 같은데, 그와는 반대되는 대답을 해 나는 다소 의아한 표정을 지었다.

그러한 기색을 본 그녀는, 아이가 잘못하거나 과하게 나설 때 그렇게 하지 말라고 즉각적으로 말하는 다른 부모와 달리, 자기는 아이가 왜 그렇게 하는지 이해가 되기에 그냥 둔다고 대답했다. 아이의 마음에 공감이 간다는 것이었다.

별 대수롭지 않은 것에도 한 번 꽂히면 그냥 넘어가지 못하던 그 부인, 그러한 증상으로 고통스러워하던 그녀가 아이의 심정에 대해 그토록 공감할 수 있다니! 어느 것 하나도 그냥 넘어가는 게 없고 흔적을 남긴다더니 정말 그랬다. 강박증이란 고약한 질병을 앓으면서 마냥 고통만 받은 게 아니라 남을 헤아리는 능력을 얻었으니, 증상이 전적으로 나쁜 흔적만 남기는 것 같지는 않다.

우리는 어떤 사물이나 대상을 볼 때 혹은 어떠한 상황에 처했을 때, 있는 그대로 보기보다 자기식대로 부풀려 낙관하거나 비관하는 태도를 보인다. 모든 것에는 양면성이 있음에도 불구하고 자신의 상태나 구미에 따라 왜곡을 일삼는 것이다. 그에 따라 지나치게 기뻐하거나 지나치게 슬퍼하기 일쑤다.

이러한 양극단을 피하기 위해서는 왜곡을 적게 하는 것이 좋다. 그러려면 무엇보다 좋아하고 싫어하는 마음 자체를 경계하고, 대상의 속성이 좀 더 명확하게 드러날 때까지 침착하게 바라보도록 해야 한다. 강박이라는 신경증도 자녀를 덜 통제하는 덕목을 키워냈는데, 어느 것인들 다 나쁘기만 하겠는가. 이 세상 모든 것은 다 나름의 이유나 가치 또는 양면을 지닌 것일 테니, 너무 성급하게 단정해서는 안 될 것 같다.

내 목소리를 내려면

한세상 그런대로 살아가기 위해서는 갖춰야 할 게 한둘이 아니다. 건강도, 경제력도, 상식도 갖추어야 한다. 어디 그뿐이랴. 사람들과 좋은 관계를 맺기 위해서는 눈치도 있어야 하고, 잇속도 차릴 줄 알아야 하고, 붙임성도 있어야 하니 필요한 것을 열거하자면 끝이 없다.

나는 그중에서도 사람이라면 모름지기 '용기'를 지녀야 한다고 본다. 아침에 눈 뜨는 순간부터 저녁에 눈 감을 때까지 순간순간 판단을 내려야 하는 일들이 한둘이 아닌데, 용기가 없으면 매 순간이 고역이기 때문이다.

게다가 삶을 영위하기 위해서는 싫든 좋든 자신의 위치에 따른 구실을 제대로 해야 탈이 적다. 우리는 위로 누군가의 자식이 되고, 옆으로는 누군가의 배우자나 동료가 되고, 아래로는 누군가의 부모가 되는 등 저마다 다양한 역할을 맡는다. 여기서 각각의 역할을 제대로 수행하려면 많은 것을 알아야 할 뿐만 아니라 난관을 헤쳐나가야 한다. 이때 거부에 대한 두려움이 적어야, 즉 용기가 있어야 이러한 것들을 제대로 해나갈 수 있다.

만약 용기가 없어 가정이나 사회에서 자신의 목소리를 내지 못한다면, 제대로 대접받기 어렵다. 가정에서는 배우자가 속이 터진다고 난리를 치거나 아이들도 부모의 권위에 함부로 도전한다. 직장에서도 상사나 동료가 도외시하기 일쑤다. 비정하지만 그것이 인간 사회의 모습이다. 그러므로, 삶을 잘 살아가는 데 있어 결코 포기할 수 없는 게 용기, 즉 자신의 목소리를 내는 일이지 싶다.

박력 있게 산다는 것

장기자랑 대회가 열렸다. 유독 한 조의 아가씨가 눈에 들어왔다. 춤추는 동작에 어찌나 힘이 착착 들어가는지 보는 이가 흥겨워 따라 할 정도였다.

며칠 후 그 아가씨와 말을 나눌 기회가 생긴 나는, 그녀의 춤이 박력 있어 보기 좋았다고 말했다. 그러자 그녀는 함박웃음을 터트리며, 급한 일이 있어 바쁜 와중에도 중간에 한 번씩 춤을 연습하고 나서야 하던 일에 집중할 수 있었다고 말했다. 그 말을 듣곤 고개를 끄덕였다. 그렇게 춤을 좋아하니

공연에서도 그토록 힘을 착착 넣어가며 누구보다도 흥겹게 췄으리라.

갑자기 나만 밋밋하게 살아왔나 싶어 멋쩍은 기분이 올라왔다. 신명나게 즐겼던 건 별로 없고 그저 꾸준하고 열심히나 살았지 싶었다. 좋아하는 게 없진 않았다. 산책하며 생각에 잠기는 것도 즐겼고, 테니스 치는 것도 꽤 즐겼다. 또 마음속에 있는 것들을 글로 하나하나 풀어내는 것도 재밌어하는 편이었다. 하지만 춤추던 그녀처럼 그렇게 신명날 정도로 열정을 갖고 흠뻑 젖어 들었던 건 아니었다.

문득 스티브 잡스가 병상에서 마지막으로 한 인터뷰가 떠올랐다. 그가 말하길, 자기는 성공의 아이콘이며 돈도 많이 벌었다고 한다. 하지만 더 이상 일어설 수 없게 되니 아쉬운 게 한둘이 아니라고 했다. 인생을 좀 더 즐기지 못한 게 후회스럽다는 거였다. 그러면서 당부하기를, 먹고 사는 데 지장이 없을 정도로 돈을 번 다음에는 반드시 좋아하는 것을 하며 살라고 했다. 운동이든, 예술이든, 봉사든 즐거운 것을 하고 살아야 후회가 없단다.

조만간 세상을 하직하게 될 그의 바짝 마른 모습에서 더욱 생의 덧없음을, 그래서 그 말에서 더욱 절절함을 느꼈었다. 공감되는 바가 많았던 그 인터뷰가 다시 머릿속을 스쳐 지나갔다.

체력적으로 그다지 튼튼하지 못했던 나는, 대신 꾸준한 것으로라도 뒤처지지 않으려 했던 게 아닐까 하고 돌이켜본다. 그러면서 열정이 부족해서 그런 줄은 모르고, 무색무취가 기본이 아니냐며 그다지 튀지 않는 것을 선호했다.

사람들은 끼리끼리 모인다고, 나와 비슷한 유형의 사람들은 나의 그러한 면을 강화해 주는 말을 하기도 했다. 그래서 나는 더욱 무난한 것에 역점을 뒀고, 강렬한 끼를 발산하는 이들을 보면 '굳이 저렇게 극성을 떨어야 하나?' 하고 의아해하기도 했다. 나와는 다른 모습에서 이질감 내지는 두려움을 느꼈던 것인지도 모른다.

하지만 나이가 꽤 들은 지금에 와서는 나와 비슷한 사람을 보면 왠지 지루하다. 화끈한 맛도 모르고 매사를 적당히 하는 안전제일주의자 같아 그다지 매력적으로 보이지 않는다.

어차피 언제가 떠날 세상살이라면 좀 더 재미나게 살다 가야겠다는 생각이다. 열정적으로 몰입할 수 있으면 더욱 좋고. 누가 뭐라든 개의치 않고 자신을 충분히 발휘하며 살아보고 싶다.

남 탓하지 않는다

이 세상에 아무런 이유 없이 생겨나는 건 없다. 모든 건 그럴 만한 원인이 있어 생겨나는 것이지 우연히 일어나는 게 아니라는 말이다. 당장 일어나느냐 아니면 나중에 나타나느냐의 차이를 보일 뿐, 원인이 존재하기에 언젠가는 그 결과가 나타나게 마련이다.

그런데도 사람들은 갈등 상황에 놓이면 억울하다거나 자기만 희생자라고 아우성친다. 과연 그러할까? 본인은 아무런 잘못이 없는데 상대방만 이상하게 구는 것일까?

물론 사람마다 성향이나 습성의 차이가 있어 어느 정도 편차는 있을 수 있지만, 세상사는 대체로 흑과 백으로 명확하게 구별되는 게 아니라 서로 엇비슷한 색을 띠고 있어 시시비비를 가르기란 그리 쉽지 않다. 다들 자기 관점에서 본인이 억울하다는 태도를 내비치지만, 손뼉도 마주쳐야 소리가 난다고 이쪽에서 잘했는데 저쪽에서 일방적으로 잘못하는 경우는 아주 드물다는 것이다.

그런데도 자신만 부당하다거나 억울하다고 여기는 것은 자신의 잘못이나 실책에는 관대하고 상대의 잘못이나 실책에는 예민하기 때문이리라. 자신의 허물은 끝까지 외면하려 들고 상대방이 심하게 반응한다고 난리를 치니, 그런 편향된 태도가 어리석음이 아니고 무엇이겠는가.

반면, 성숙한 사람은 무슨 일이 일어났을 때 먼저 자기에게 무슨 실책이 있는지를 살펴본다. 자기에게 잘못이 있으면 그것을 먼저 고치려 든다. 그리고 외부를 둘러보면서 상대에게 잘못이 있다면 담백하게 말한다. 만약 상대가 이를 받아들이지 못하면, 그것을 그 사람의 수준으로 여기지 벅벅 우기지 않는다. 우겨봐야 갈등만 커질 따름임을 알기 때문이다. 이런 식으로, 이들은 자신이 먼저 나서서 선순환을 일으키는 행동을 취한다. 자기가 먼저 바뀌는 게 빠르지, 상대를 바꾸려 하다가는 밑도 끝도 없이 시간이 걸린다는 사실을 아는 까닭이다.

꼭 나쁘리란 법은 없다

잘생긴 데다 성격도 명랑했던 한 남자는 남부럽지 않은 유년 시절을 보냈다. 그런데, 갑자기 대학 때 앓게 된 정신병으로 인해 정신병원에 입원하게 됐고, 그 여파로 온 가족이 붕괴 직전까지 갔다. 퇴원하고 나서도 정신적인 기능이 떨어진 탓에 조금만 복잡하거나 어려운 일을 처리하기 힘들었던 그는 직장에서 늘 사람들에게 시달렸고 그럴 때마다 낙담하여 허우적거렸다.

여기까지가 나를 찾아온 그의 이유였다. 안타까웠던 나

는 그의 상태가 어느 정도인지 다시금 평가해 보자고 했다. 심리평가를 해 보니, 그의 기능은 전반적으로 많이 떨어져 있었다. 자신의 수준에 맞게 살아야지 욕심을 부렸다가는 되지도 않을뿐더러 사태를 악화시킬 수 있음을 알게 된 나는, 본인은 물론 그의 부모에게도 욕심은 금물이라 말했다. 나 또한 그를 상담하면서 그때그때 부딪치는 사안에 대해 조언하는 정도만을 유지했다.

그래도 상태가 괜찮게 유지되던 그는 그럭저럭 직장생활을 해나갔고, 여자친구를 사귀기도 하며 안정을 찾아가다 어느덧 나와의 상담도 종결했다.

어느 날, 그는 오랫동안 사귀어 온 여자친구와 결혼을 한다며 청첩장을 들고 나를 찾아왔다. 이러한 말에 나는 반가워하면서도 그녀가 남자의 병에 대해 알고서도 결혼을 결심한 걸까 하며 다소 불안한 마음이었다. 다른 한편, 한두 해도 아니고 몇 해에 걸쳐 사귀는 사이 정이 많이 들었으니 모든 것을 감수할 각오를 다졌으려니 하며 애써 긍정적으로 여겼다.

부모도 건장한 아들을 홀로 살게 할 수는 없어 조마조마한 마음으로 아들의 결혼을 추진하는 듯했다.

결혼하고 나서 몇 달 후, 그는 나를 찾아왔다. 아내의 짜증이 심해 하루하루가 힘들고, 직장 사람들도 함부로 대해 죽을 지경이라고 했다. 내심 불안했지만, 나는 그가 어떻게든 주어진 상황을 잘 수용할 수 있도록 다독였다.

그러나, 얼마 지나지 않아 그의 부모가 사색이 되어 나를 찾아왔다. 아내와의 관계와 직장 스트레스를 이기지 못하다 결국, 그의 정신병이 재발했다는 것이었다. 그래서 아들은 대학병원에 입원 중이고, 자기네들은 이혼에 대한 거액의 위자료를 물어 줘야 한다든가, 아들이 입원하기 직전에 흥분한 나머지 마구 질러댄 경비를 수습하느라 정신이 없다고 울먹였다. 한마디로 혼돈 그 자체였다. 좀 더 나은 쪽으로 발돋움하려다 그만 폭삭 망하는 형국을 초래한 것이었다. 나는 그들의 상황이 딱해 뭐라고 위로의 말을 건네야 할지 몰라 심호흡만 내뱉었다.

몇 개월 후, 그는 말끔한 모습으로 내 앞에 나타났다. 반기며 어떻게 지냈냐고 묻자, 3개월 동안 입원했다가 나와서는 부모와 함께 지낸다고 했다. 아내가 이혼하고 떠나버려서 너무 심심하고 지루해 상담사라도 만나고 싶다는 의사를 밝혔더니, 부모가 기꺼이 허락해 다시 나를 찾게 됐다고 했다.

부모님은 어떻게 지내시냐고 묻자, 부모님은 큰 지옥문을 빠져나온 듯 잘 계신다고 했다. 자기에게 약을 거르지 말고 운동이나 열심히 해 아프지 않으면 된다고 하신단다. 덧붙여 말하기를, 이제는 부모가 자기에게 잔소리를 하거나 기대하는 게 없어서 서로 편하게 지낸다고 했다. 두 분도 전보다 사이가 훨씬 좋아져 서로를 많이 위하며 산단다.

이러한 말을 듣고, '아, 마음을 싹 비우면 그렇게 편안해지는구나!' 하고 전율했다. 행복은 밖에서 오는 게 아니라 그렇게 마음을 온전히 비우는 데서 온다는 사실을 새삼 확인한 것이다.

고통을 심하게 겪은 사람은 일반인보다 마음 비우는 일

을 훨씬 힘 있고 화끈하게 하는 것 같다. 달리 방법이 없으니까 그렇게 할 수밖에 없다고 볼 수도 있지만, 그렇게 마음을 화끈하게 비우고 나면 도리어 편안해지게 마련이다. 이에 비해 일반 사람들은 좀처럼 그렇게 화끈하게 마음을 비우지 못하고 오래도록 미련을 갖는다. 그러니 자연히 질질 끌려가듯 살아가는 형상이다.

마음을 비웠더니 편안해지더라고 누가 말을 하면, '그렇지, 정말 마음을 비우면 편안해지겠지!' 하며 그 청년의 부모를 떠올린다. 아울러 '그래, 사는 게 뭐 별거라고 그렇게 아등바등 애를 태우며 살까?' 하고 스스로 묻게 된다. 그냥 자기가 할 수 있는 최선을 다한다는 심정으로 열심히나 하면 되지 그 이상 고민할 거 없다는 생각이다. 애를 태워봤자 욕심대로 되는 것도 아니고 다 될 대로 되는 것 아닌가 하는 생각에서다.

그렇게, 가능한 한 욕심을 줄이고 즐거우면서도 성실하게 살면 그런 삶이야말로 복된 삶이 아닐까 한다. 자잘한 것들로 번민에 잠기기에는 우리에게 주어진 시간은 너무도 덧없이 흐른다.

그때그때 가뿐히 말한다

겉보기와는 달리 들끓는 화를 주체하지 못해 절절매는 이들이 꽤 있다. 평소에 이들은 '착한 아이 콤플렉스'를 지닌 사람처럼 좀처럼 싫다는 표현을 하지 못한다. 하지만 한계에 부딪히면 속에서 불이 나 더는 그렇게 살 수 없다며 사소한 일에도 화를 벌컥 내기 일쑤다.

참다 참다 호미로 막을 것을 가래로 막게 되는 이러한 사태를 방지하기 위해서는 이상하거나 부당하다고 여겨지면 그때그때 반응하는 게 필요하다. 그래야 억울함이라는 찌꺼기가 남지 않아 마음이 편안해지기 때문이다. 나아가, 이렇게 해야 본인을 지킬 수 있으며 상대방도 조심하게끔 만들어 서로를 살릴 수 있다.

불편한 마음을 상대에게 곧바로 말했다가 화를 당할까 봐 두려울 수도 있다. 그러나 자기가 하는 말이 합당하다면, 상대는 그 말에 동의할 수밖에 없다. 설사 상대가 동의하지 않거나 말을 잘 알아듣지 못해도 그것은 상대의 몫이므로 두려워할 것 없다. 즉, 부당한 상대의 처신에 대해 개의치 말라는 것이다.

그렇게 하지 못하고, 남들이 알아서 예의를 갖추기를 기대한다면 그것은 큰 오산이다. 주위 사람이 좋은 사람이라면 예의 있게 대해 주겠지만, 영악한 사람이라면 도리어 상대를 만만하게 보고 함부로 취급하려 든다. 그렇기에, 엄밀한 의미에서 이는 상대에게 모든 것을 내맡기는 의존과 같다. 그러니, 자기 삶의 주도권을 남에게 넘기지 않으려면, 그때그때 가뿐하게 말하도록 힘써야 한다.

도망치지 않는다

내게 상담을 받으면서 많이 좋아진 사람이 있다. 그녀는 마음이 한결 편해졌다고 하면서도 마음 한쪽에서는 자신을 좀 더 철저하고 심오하게 분석하고 싶은 욕구가 있다고 했다.

나는 그녀에게 자신의 상태에 대해 어느 정도 이해했으면 이제부터는 실질적인 힘을 키워가는 게 더 중요하다고 말했다. 여기서 힘이란 과거에 휘둘리지 않고 현실에서 중심을 잡고 살아간다는 의미였다.

나의 말에 그녀는 자신에 대해 깊이 알고자 하는 게 왜 바람직하지 않냐고 물었다. 나는 대답하기를, 병리적인 것을 해소하고 나서는 어차피 현실로 돌아와야 하기 때문이라고 했다. 자신에 대해 시시콜콜 세밀하게 알고자 하면 시간, 돈, 노력 등이 많이 드는데, 그런 엄청난 투자에 비해 실질적으로 얻는 건 그리 크지 않다고 덧붙였다. 즉, 가성비 측면에서 과거에 대해 깊이 파는 게 그리 좋지 않다는 뜻이었다.

그제야 그녀는 고개를 끄덕였다. 우리가 살아갈 곳은 현실이지 다른 데가 아니라는 말을 알아들은 것이다.

과거를 세밀하게 분석하고 이해하는 과정이 현실에 더 충실하게끔 하는 원동력이 된다면 그것을 적극적으로 권하겠다. 하지만 세세한 이해에 몰두하느라 도리어 현실에서 힘차게 살아나가는 것을 소홀히 한다면, 그것은 낭비일 뿐만 아니라 일종의 도피다. 현실에서 한 발자국씩 발을 내디디는 게 힘드니까 자기를 이해한다는 명목으로 슬쩍 비켜서는 태도라는 것이다.

과거는 이미 지나가 버렸고, 미래는 아직 오지 않았기

에 엄밀히 말해 우리는 단지 현재에 존재할 뿐이다. 다른 것이 아무리 중요해도 준비운동에 불과할 따름이고, 진짜는 자신의 현실에서 힘차게 살아가는 것이다. 그러므로 우리는 허구나 상상 또는 기억이 아니라 실제 눈앞에서 벌어지고 있는 것에 온 힘을 쏟아야 하며, 그래야만 현재에 충실하게 살아갈 수 있다.

자기다울 때 자유로워진다

다른 건 부족해도 배포, 즉 배짱이라도 지니면 그런대로 한세상 살아갈 수 있다. 우리를 괴롭히거나 초라하게 만드는 건 대체로 외부에서 오는 자극이 아닌 마음 안에 있는 불안이기 때문이다. 내적으로 편안하면 외부적인 상황이 덜 따라 줘도 상대적으로 이에 덜 휘둘리며 살 수 있다.

이렇게 기죽지 않고 배포를 가지고 살려면 무엇보다 자신감, 말 그대로 '자기에 대한 믿음'이 필요하다. 그런데 과연 자기란 무엇이며, 자기에 대한 믿음을 기르기 위해서는 어떻게 해야 할까?

상담에서는 자기를 '마음'과 동일시한다. 즉, 마음의 기본 요소인 감정이나 생각을 자기 자신이라고 여기는 것이다. 그래서 자기에 대한 믿음을 기르기 위해서는 마음, 즉 자신의 감정이나 생각을 언제 어디서든 솔직하게 말할 수 있어야 한다고 본다. 자기를 자유롭게, 있는 그대로 당당하게 드러내는 과정을 통해 자신감이 자라난다고 보는 것이다.

이렇게 자신을 자유롭게 드러내는 과정을 거치면서 자신감을 키우면, 마침내는 배포가 커지고 더욱 자유로워진다. 선순환을 이루는 것이다. 그러고 보면 삶을 살아가는 데 가장 기본이 되는 힘은 표현의 자유로움에서부터 비롯하는 것이지 싶다.

물건은 사랑하지 않는 것이 좋다

유달리 자동차에 집착하는 중년 남자가 있었다. 그는 그리 넉넉지 않은 살림임에도 불구하고 외제 차를 사느라 거금을 썼다. 왜 그랬냐고 묻자, 너무도 순순히 그는 어려서부터 너무 못 먹고 못 살았던 탓 아니겠냐고 자백하듯 말했다.

밀고 당김도 없이 그렇게 화끈하게 대답하니까 도리어 말문이 막혀버린 나는 잠시 눈만 껌벅껌벅했다. 이윽고 정신을 차리고 그게 언제 적 일인데 아직도 그런 결핍감에 시달리냐며 의아해했다. 그러자 그는 씩 웃으며 자기도 이제 그런 것에서 벗어나고 싶단다. 하지만 잘 안 되니 어떻게 하면 좋냐고 내게 진지하게 묻는 것이 아닌가.

단도직입적인 그의 말에 어떻게 대응할까를 놓고 잠시 궁리하다 오래전의 기억 하나가 떠올라 그것을 말해 줬다.

아는 스님을 방문한 적이 있었다. 그분은 소개해 주고 싶은 사람이 있다며 사찰 내에 있는 국제선원으로 나를 데려갔다. 그곳에서 소개받은 사람은 버클리대학교에서 종교학을 전공한 미국인 승려였다. 큰 회사 임원인 아버지 밑에서 유복하게 자란 외아들이었다는 그는, 우리가 찾아갔을 때 대청마루에서 사과 궤짝을 책상 삼아 엎어 놓고 뭔가를 쓰고 있었다.

미국인 승려와 담소하다 작별하고 돌아오는 길에 스님은 사과 궤짝을 앉은뱅이책상으로 쓰는 것을 봤냐며 내게 질문했다. 부잣집에서 누리며 자랐기 때문인지 그는 좋은 물건을 탐하지 않는단다. 반면에 한국의 젊은 승려들은 가난하게 살았던 때문인지 기회만 닿으면 최고의 것을 취하려 한다며 혀를 찼다.

이러한 설명에 나는 고개를 끄덕였다. '좋은 물건에 욕심 내는 것도 자신의 초라한 배경을 보여주는 거구나' 하고 이때 깨달았다. 물건을 함부로 대하는 것도 바람직하지 않지만, 그 반대로 물건에 연연하는 것도 그리 좋게 생각되지 않았다

이러한 이야기를 들려주며, 어렸을 때 못 먹고 못 살던 흔적을 그렇게 여과 없이 드러낼 참이냐며 그 남자를 놀렸다. 그러자 그는 외제 차를 굴리는 게 그렇게 웃겨 보이느냐고 물었다. 이러한 질문에 나는, 넉넉하지도 않은 사람이 그런 데 거금을 쓰면 무리가 따르니 당연히 이상하게 여길 수밖에 없다고 일침을 놓았다.

너무 즉각적으로 대답했기 때문인지, 아니면 이상한 사람으로 보인다는 말에 충격을 받아서인지 그는 과장되게 소리 내어 웃었다. 민망해하는 기색이 역력했다.

나는 그에게 돈의 가치에 대해 정성껏 말했다. 돈을 쓰지 말고 쌓아 두라는 말이 아니라고, 다만 필요할 때 요긴하게 쓰기 위해서는 아껴야 하지 않냐고. 젊은이도 아닌 중년 남자

가 남들이 장에 간다고 나도 장에 간다는 식으로 처신해서 되겠냐며, 수명이 길어져 100세까지 산다는 이 시대에 어찌 노후를 생각지 않고 하루살이처럼 사냐고 물었다.

못 먹고 못 살던 어린 시절의 아픔에 인이 박여 아직도 그 영향을 받고 있다고 말하는 그 남자. 과연 과거의 아픔 때문에 아직도 그렇게 돈을 쓰는 것일까? 그 아픔이 충분히 해소되면 소탈하게 사는 게 가능해질까?

나는 어려서부터 못 먹고 못 살아 돈을 그렇게 쓴다는 그의 말을 액면 그대로 믿지 않는다. 그게 시발점은 됐을지언정 그동안 살아오면서 그 응어리는 풀만큼 풀었을 것이기 때문이다. 그러한 원인보다는, 물질을 통해 욕망을 채우는 식의 세상살이에 길들여 있다는 게 더 합당한 설명이리라 본다. 욕망이란 본래 끝을 모르는 속성을 지닌 것이니 말이다.

순간을 버텨야 한다

오래전, 한국 축구팀이 놀랍게도 세계 최강이라는 독일 축구팀을 상대로 승리를 거뒀다. 어느 누가 그러한 결과를 예상했겠는가. 독일팀이 한국팀을 얕잡아보고 방심했든지 아니면 더 이상 잃을 게 없었던 한국팀이 죽기 살기로 투혼을 불살랐던지, 아무튼 한국팀은 독일팀을 제패했다.

이러한 이변 앞에 국민은 환희와 아쉬움을 동시에 분출했다. 독일을 이겼다는 감격과 그렇게 잘 싸우고도 결국 최후의 승자가 되지 못했다는 실패감이 교차했기 때문이다. 우리가 이럴진대 한국이라는 나라에 발목 잡혀 최종 승자가 못되고 2위에 그치고 만 독일 국민은 어떠했을까?

이러한 사건을 보며 결과는 아무도 모르는 것이란 사실을 실감한다. 누구도 방심하면 안 되고 누구도 자만하면 안 되는 게 경기다. 비단 운동에서만 그러하겠는가. 삶의 많은 것들이 그렇게 한 끗 차이에서 명암이 갈린다고 해도 과언이 아니다. 모든 게 다 잘될 것 같다가도 마지막 순간에 미끄러지기도 하고, 전혀 가망이 없을 것 같은데도 우연히 풀리는 일이 종종 있다.

이렇듯 예상을 뒤엎는 일들이 펼쳐지는데, 사람들은 힘겨운 상황에 부닥치면 그것이 불변하는 것인 양 절망하거나 의기소침해한다. 하지만 이 세상에는 변하지 않는 건 아무것도 없다. 존재하는 것은 다 변하게 마련이고, 단지 얼마나 빠르고 더디냐의 문제이지 다 지나가게 되어있다.

그러니, 어떤 시련이나 절망이 닥치더라도 모든 것은 지나가게 마련이라는 사실을 믿고 자포자기하지 않았으면 한다. 모든 게 한 끗 차이에 불과한데 그것을 너무 크게 보아 우쭐하거나 의기소침해하지 말자는 것이다. 세상의 일은 다른 면에서 보면 그저 미세한 차이를 보일 뿐이기에 현재 우리가 느끼는 행불행도 기실 별것 아닐 수 있다.

남의 옷은 벗어 던진다

나를 잘 아는 분이 언젠가 내게 말했다.

“장 교수는 원래 그리 순한 사람이 아니요. 우연한 기회에 아무것도 모르는 양 순진한 척했는데, 주위에서 그렇게 하는 것을 좋아하니까 그것이 좋고, 또 그게 편하다는 것을 발견했던 거요.”

그 이야기를 듣고 선뜻 이해되지 않아 어안이 벙벙했다. ‘내가 순진한 사람이 아니고 순진한 척을 한다고?’ 이렇게 생각하며 갸우뚱하자, 그분은 이어 말했다.

"남의 옷을 빌려 입은 것처럼 부자유스럽게 살지 말고 당당하게 자신의 목소리를 내라는 말이오. 그렇게 사는 게 자연스럽고 편안한 거요."

처음에는 그러한 지적이 당황스러웠지만, 그분이 반복해서 나를 쪼아준 덕에 점차 내 목소리를 내기 시작했다. 자신감이 생기면서 점점 탄력을 받아 그때마다 하고 싶은 말을 거침없이 하자, 장칼이라는 별명이 생기기도 했다. 이 과정에서 알게 된 것은 남의 옷을 벗어 던지고 사니, 전보다 훨씬 자유롭다는 사실이었다. 남들의 기대에서 벗어나 자신의 목소리를 내니 내 옷을 입은 것처럼 한결 편안하고 경쾌했다.

이렇듯, 다른 무엇보다 자신의 본모습대로 생동감 있게 사는 게 잘 사는 것이라고 믿는다. 그리고 이것은 '나'라는 존재에 대한 믿음에서 비롯하는 것으로, 자유와 무관할 수 없으리라.

천사 띠 내려놓기

내게 상담을 받는 여성은 너무 착한 게 탈이었다. 본인 자신도 힘들어하면서 주위 사람들을 모두 품으려 했다. 그러다 보니 주위의 많은 사람이 그녀를 좋아했지만, 정작 자신은 지치고 말았다. 다른 사람들의 푸념이나 편의를 들어주다 홀로 남게 되는 밤에서야 비로소 본인의 일을 하다 보니, 근래에 들어서는 건강도 말이 아니었다. 그래서였는지 그녀는 자신의 인생은 왜 이러냐며 틈틈이 서러워하는 눈물을 내비쳤다.

하루는 그녀가 말하길, 오래된 친구가 배우자와 어려움

을 겪고 있다며 너무 안쓰럽단다. 그런데, 들어보니 10년 전 그 친구가 유학 생활을 할 당시, 그 어머니가 딸을 도와줘야 한다며 자기에게 천만 원을 꾸어갔다는 것 아닌가. 다름 아닌 친구의 일이라 선뜻 빌려줬는데, 그 이후에도 그 어머니는 몇 차례 더 부탁했다고 한다. 하지만 사정이 여의치 않아 그다음부터는 빌려주지 못했단다.

나는 놀라움을 금치 못했다. 어머니란 사람이 어찌 딸의 친구에게 돈을 빌렸나 해서였다. 나는 그 돈을 돌려받았냐고 물었다. 그랬더니 그녀는 못 받았다고 대꾸했다. 그럼 그 친구가 이 사실을 알고 있냐고 다시 질문하니, 그녀는 고개를 끄덕이며 친구가 귀국했을 때 이를 알고 놀라는 기색을 보였다고 말했다. 나는 다시금 그럼 그 친구에게서라도 돈을 받았느냐고 확인했다. 그러자 그녀는 받지 못했다고 얼버무리며 그 친구도 살기 바빴을 거라고 변호하는 게 아닌가. 이미 그 어머니는 파산했고, 친구도 돈을 벌긴 하지만 아들의 과외비를 대느라 정신없을 거라고 옹호했다.

나는 양미간을 찌푸렸다. 그래도 그 친구는 시댁에서 물려받은 번듯한 집이 있는데, 그녀는 아직 경제적 확립을 이루지 못해 고생하는 처지에 있기 때문이었다.

"친구에게 돈을 갚았으면 좋겠다는 말을 왜 못하지요?"

"그 친구가 힘들어할까 봐…."

"그런 와중에도 그 친구는 자기 아들에게 과외도 시켜가며 잘살고 있지 않나요?"

"그렇긴 하지만…."

"그 친구가 경우 있게 처신하도록 하면 서로가 좋지 않을까 해요. 이쪽은 경제적으로 팍팍하던 차에 돈을 받아 좋고, 그 친구는 떳떳해서 좋을 테니 말이에요."

"…."

"그 천사 띠는 언제까지 두르고 있을 건지…. 본인이 그런 말을 못 하니까 객인 내가 번번이 나서게 되잖아요."

나의 말이 폐부를 찔렀는지, 그녀는 울기 시작했다. 착한 게 아니라 약하기 때문에 그렇게 늘상 너그러운 태도를 보인다는 지적에 부끄러웠던 것 같다. 나아가 그렇게 방어벽을 두르고 사는 자신이 참담하지 않았을까 한다. 자기도 사람인데 돈을 돌려받았으면 하는 마음을 왜 갖지 않았겠는가.

눈물짓는 그녀를 향해 나는 또다시 말했다. 쉰 살을 향해 가는 마당에 겁낼 게 뭐 있냐고. 이제는 나름 세상을 살아가는 더듬이가 발달했으니 하고 싶은 말을 다 해도 크게 잘못될 일이 없을 거라며, 너무 조심스럽게 살다 보면 뒤늦게 서러워하게 된다고 간곡하게 일렀다.

사람은 자신의 나이답게 살아야 멋있다. 어떤 이유에서든 아이가 애어른 같거나, 어른이 세상 물정 모르는 철부지처럼 보이거나, 노인이 자기만 챙기는 애 같다면 초라하다. 즉 처신도 나이에 맞게 해야 하는데, 어떻게 된 일인지 사람들은 기존에 자신이 갖고 있던 태도에 줄곧 안주하려 든다. 그래놓고는 뒤늦게 사람들이 이기적이라느니, 세상이 너무 각박하다느니, 아니면 살기가 고달프다니 등의 푸념을 늘어놓기 일쑤다. 변화에 발맞추지 못하는 자신의 부족함에 대해서는 어찌 그렇게들 까막눈을 하고 있는지….

늘 하는 말이지만, 힘 있는 자는 서러워할 틈을 남기지 않는다. 아무런 미련이 남지 않도록 그때그때 정신을 차리고 주인으로 살고자 하기 때문이다.

이제 그녀가 자신이 그렇게 비합리적인 사람이 아니라는 믿음 아래, 하고 싶은 말을 자유롭게 그때그때 하며 살았으면 한다. 그래야 뒤늦게 서러워하지 않을 테니 말이다.

2부

기대하지 않는다

행복과 불행은 스스로 정한다

집단상담에 어느 중년의 여교사가 참석했다. 그녀는 어찌나 말을 재미있게 하던지 금세 집단에서 가장 인기 있는 사람이 됐다. 쉬는 시간에도 사람들이 주위에 빙 둘러앉을 정도였다. 이러한 그녀에게 말했다.

"남편분이 매우 좋아하시겠어요."

"우리 남편이요? 하하하. 나를 많이 좋아하지요. 주말에 산에 가기 위해 버스를 탈 때면, 정류장까지 따라 나와 내게 앞이나 뒤에 앉지 말고 꼭 중간에 앉으라고 신신당부를 해요.

사고가 나더라도 중간이 가장 안전하다면서요. 그렇게 애지중지한다니까요."

"금실이 매우 좋으시군요."

"하하하. 제가 결혼식을 마치고 신혼여행을 떠나면서 맨 먼저 한 생각이 뭔지 아세요?"

"어떤 생각을 하셨는데요?"

"걸려도 더럽게 걸렸다는 생각이었어요."

"예?"

"연애할 때는 몰랐는데, 막상 결혼하고 보니 어찌나 까칠하던지 '아이고, 잘못 걸렸구나!' 하는 생각이 들더라고요. 그런데 어떻게 해요. 도로 물릴 수도 없고. 그래서 '그래, 네가 이기느냐 내가 이기느냐, 어디 한번 해 보자!' 하고 단단히 마음먹었지요. 그때부터 온 힘을 다해 남편을 즐겁게 해 줬어요. 그래서 지금은 남편이 나를 금쪽같이 여긴답니다. 언제부턴가 그는 하루도 빈손으로 집에 들어오는 적이 없어요. 애들과 나눠 먹을 간식을 자기 손으로 꼬박꼬박 사 들고 들어온다니까요. 하하하."

나는 그 교사의 거침없는 말을 듣고 놀랐다. 여간 배포가 큰 여자 아니고서는 어려운 일이었기 때문이다. 깐깐한 대상을 그렇게 화끈하게 구슬려 이토록 잘 살고 있다니! 입이 딱 벌어질 정도였다.

이 이야기를 듣고 난 후, 갈등이란 전적으로 그 사람의 그릇 크기에 비례한다는 생각을 하기 시작했다. 대상이 아무리 마땅찮아도 이쪽에서 그러려니 하고 품어 주면 아무런 걸림이 생기지 않기 때문이다. 다시금 행복이나 불행은 외적인 요인이 결정한다기보다 자신의 그릇이 결정하는 것이 아닌가 하고 생각했다.

기대하지 않는다

많은 사람이 사랑, 신뢰, 배려라는 가치를 중요하게 여긴다. 그러나, 이 세 가지 가치가 건강한 관계를 맺는 데 큰 역할을 하는 건 사실이지만, 너무 강조하면 그토록 좋은 것도 되레 관계를 해칠 수 있다. 왜냐하면 사랑, 신뢰, 그리고 배려라는 덕목은 장구한 시간 속에서 자연스럽게 익어가는 것이지 처음부터 요구한다고 해서 이루어지는 성질의 것이 아니기 때문이다.

그뿐만 아니라 냉철히 따져보면, 그런 가치를 추구한다

는 것 자체가 안정에 대한 욕구를 반영하는 것으로 무언가를 갈망하는 데 뿌리를 둔 것이라고 본다. 근본적으로 욕망에 기초한 것이라면 무엇이든지 그 끝이 있게 마련으로 과하면 폐단을 낳고 만다. 즉, 집착하면 그만큼 부작용을 낳을 수 있다는 것이다.

그러니 그냥 묵묵히 살아갈 뿐, 그 어느 것도 과도하게 강조하거나 안달하지 말아야 한다. 자칫하면 스스로 감옥에 갇히게 되고, 나아가 상대에게 부담을 줄 게 뻔하다. 본인은 자신이 원하는 것에 치여 스스로 초라함이나 불행감을 자초하게 되고, 상대는 요구받는 데 질려 밖으로 도망가게 된다. 그렇게 되면, 두 사람 다 서로에게 화만 내어 함께 추락하는 셈이다.

손을 덜 댄 삶이 가장 좋다

가장 좋은 음식은 손을 덜 댄 음식이라고 한다. 정성을 쏟는다며 손을 많이 댄 음식은 역설적이게도 그만큼 고유의 맛을 잃어 인위적인 맛을 내기 쉽고, 그런 탓에 연거푸 두 번 이상 먹기 어렵다. 그에 반해, 사람의 손을 적게 탄 음식은 만들기도 쉽고, 재료 자체가 지닌 고유의 맛을 내어 언제든 즐길 수 있다.

이와 마찬가지로, 가장 좋은 삶도 손을 덜 댄 삶이 아닐까 한다. 인위성이 적은 자연스러운 삶 말이다. 꾸밈이 적고 자신의 본연에 가까운 삶. 그런 삶을 살지 못하고, 즉 자신의 그릇이나 성향대로 살지 않고 과하게 욕심을 부렸다가는, 인위적인 맛이 나는 음식처럼 도리어 인생을 망치기 쉽다.

간소한 것이 아름답다

몇 년 전부터 풍요를 지향하던 우리의 생활에 간소화 바람이 불기 시작했다. 공간 활용을 잘하는 일본인들이 시작한 운동이라고 하는데, 그것이 한국 사회에도 알려졌다. 덩달아 나도 집안을 둘러보니, 그다지 좋지도 않은 물건들이 수북이 쌓여있었다.

값나가는 고급물건을 그리 좋아하는 편은 아니다. 부담없이 물건을 쓰고 싶고, 애써 번 돈을 그런 데 쓰고 싶지 않았기 때문이다. 또한, 어떤 물건이든 다 나름의 가치를 지닌다고 여겨 내 수중에 들어온 이상 어떤 것이든 쓸 수 있을 때까지 쓰려고 노력했다.

그런데도 어느 순간 내 집에는 많은 물건이 들어찼다. 그러한 광경을 보니 머리가 지끈거렸다. 그러다가 마침내 평수를 줄여 이사하면서 많은 물건을 정리했더니, 얼마나 훤하고 홀가분하던지!

때로는 갈등을 겪는다. 물건을 소중히 다뤄야 한다는 마음과 아까워 말고 확확 처분해 단출하게 살자는 마음 사이에서 충돌이 일어나는 것이다. 아끼는 마음이 강렬하면 그만큼 주위가 어지러워지고, 과감하게 버리는 마음이 강하면 그만큼 주위가 정돈된다. 어떻게 적정한 타협점을 찾을지….

마침내 한 결심은, 처음부터 욕심부리지 말자는 것이다. 그렇지 않으면 이것이 걸리고 아니면 저것이 걸리니, 애초에 절제했으면 그러한 고민을 하지 않았을 것 같아서다. 그리고 냉정하게 말해, 우리 역시 수많은 생명체 중 하나인데 뭘 그리 군림하듯 떡 벌어지게 살고자 하는지 의문이다.

때가 되면 흔적도 없이 사라지는 덧없는 존재임을 자각하고, 되도록 소탈하게 사는 게 오히려 더 잘 사는 삶이지 싶다. 그래야 홀가분하면서도 덜 부끄러울 것 같다.

부족함을 받아들인다

일주일이 넘는 명상 수련을 마치고 집에 돌아올 때만 해도 명상에서 오는 청정함에 환희로울 정도였다. 그리고 이러한 청정함을 일상에서 가까이 할 수 있으리라 믿었다.

하지만, 집에 돌아오자마자 부풀었던 기대는 산산조각이 났다. 명상이 얼마나 좋은지 알았어도 몸과 마음은 여전히 기존의 익숙한 방식대로 바삐 돌아갔다. 그렇게 빨리 되돌아가는 것을 눈을 뻔히 뜬 채 바라보는 마음은 슬펐다.

'아, 좋다는 걸 알았다고 하여 원하는 대로 순순히 되는 것이 아니라, 많은 연습을 하여 습성을 이겨내야 하는 것이구나!' 하고 탄식했다. 몸에 밴 습관은 생각보다 영향력이 강했다.

문득 피겨 스케이팅 선수인 김연아의 말이 떠올랐다. 족히 2만 시간 정도 연습하고 나서야 비로소 빙판 위에서 자유자재로 움직일 수 있게 됐다는 말. 나 자신도 비교적 자신 있게 상담을 실시하게 된 시점을 헤아려보니, 그 정도의 시간이 지나고 나서였던 것 같다.

빙판 위에서의 묘기나 상담에서의 자유로움도 그 정도의 시간을 들여야 하는데, 숱한 때가 낀 마음을 청정하게 하기가 어찌 쉽겠는가. 이 역시 수많은 시간을 들여 연마해야 자유자재로 그런 경지에 다다를 수 있으리라.

그래서 이제는 안달하지 않기로 마음먹었다. 꾸준하게 하다 보면, 그리하여 충분히 무르익으면 언젠가는 원하는 대로 될 것을 믿기로 했다.

잘되지 않는다고 속상해하는 것도 자신의 수준을 과대평

가하는 욕심이지 않을까 한다. 부족한 것에 안달하기보다 아직은 그 정도가 자신의 수준이려니 인정하고, 그저 꾸준히 노력하는 게 더 현명할 것 같다.

선택한 건 좋아한다

인생을 살아가는 동안 우리는 무수히 많은 것을 선택해야 한다. 이때 중시해야 할 건, 선택 그 자체가 지닌 무게이다. 물건이라도 한 번 산 이상 까탈을 부리지 않아야 하고, 뭔가를 하기로 선택했으면 그것에 충실해야 하고, 사람을 사귀었으면 그 사람에게 최선을 다해야 한다. 그렇지 않고 자기가 선택해 놓고는 퉤퉤 하며 내치거나 변덕을 부리면 신뢰할 수 없는 사람이 되고 만다. 선택에 대한 예의도 아니다.

불충실한 태도는 본인에게도 해가 된다. 여기서는 이곳

이 아닌 저기를 바라보고, 저기서는 저곳이 아닌 여기를 바라다보면, 맨날 아쉬워하다 말 뿐이다. 그런 것을 두고 비승비속이니 또는 기회주의자니 하는 것이다.

사실, 세상의 일이라는 게 다 거기서 거기이지 뭘 그리 다르겠는가. 완전무결한 100점짜리가 없듯이 꽝일 따름인 0점짜리도 없다. 어떤 것은 좋고 나쁨의 비율이 51대 49에 불과할지도 모른다. 그 어떠한 선택에도 완벽한 성공 혹은 완벽한 실패는 없다는 말이다.

그러니, 처음 고를 때 신중히 한 다음에는 자신의 선택에 책임을 질 줄 알아야겠다. 어떤 결과가 나타나든 묵묵히 맞이하고 따르는 태도다. 사람의 무게란 그런 책임지는 태도에서 나오지, 다른 것에서 오는 게 아니다. 누가 억지로 그렇게 하도록 한 것도 아닌데, 자기가 선택해 놓고 툴툴거려봐야 아무런 득도 안 된다.

유순하게 산다

살면 살수록 유순한 사람이 좋아진다. 품이 넉넉해 조금 손해 보듯 처신하는 사람이 편안하기 때문이다. 각박하지 않고 여유로워 더 근사해 보이기도 한다.

그렇다고 사리가 분명하고 명민한 사람이 나쁘다는 건 아니다. 이런 사람은 일을 효율적으로 하고 의중을 명확하게 밝히기 때문에 그 또한 좋다.

하지만, 자기주장이 지나쳐 다른 사람을 피곤하게 만든다면, 다른 사람들이 꺼려하는 것은 물론 자신에게도 득이 되지 않는다. 특히, 가정을 이룬 사람이 그렇게 자기 뜻만 내세우다 보면 가정이 시끄러워지거나 이혼 위기에 처하고 만다. 어느 정도 확고한 주관을 갖는 것도 필요하지만, 유연하지 못해 충돌로 이어진다면 과유불급 아닌가. 그러므로 혼자가 아니고 누군가와 함께할 때는 자신을 굽히는 유연성도 갖추어야 한다.

가장 이상적인 관계는 너도 편하고 나도 편한 균형 있는 관계이리라. 그런데 이렇게 하려면 매 순간 깨어있어 모자라지도 넘치지도 않아야 하니 얼마나 어려운 일이겠는가.

그러므로 상대를 참아 주는 유순함과 자기를 주장하는 분명함을 놓고 어느 게 더 좋으냐고 묻는다면, 단연코 유순함을 고르겠다. 더불어 사는 세상살이에서 조금은 손해를 보더라도 품어 주는 덕목이 더 필요할 것 같아서다. 그런 게 없으면 경쟁이 일상화된 현대인으로서 너무 피곤할 게 뻔하다.

모든 것에는 두 얼굴이 있다

나와 상담을 하던 여성이 결혼을 준비하고 있었다. 신랑이 될 사람은 학벌이 낮긴 해도 성실한 사람이라고 했다. 그런데 어느 날 그녀가 말하길, 오랫동안 똑똑하다고 여기며 알고 지냈던 언니가 그 남자의 학벌이 너무 형편없다며 결혼을 다시 고려해 보라고 조언했다고 전했다.

나는 그러한 말을 정확히 언제 들었냐고 물었다. 그녀는 최근이라고 대답했는데, 그렇다면 살림살이 준비는 이미 마쳤고 결혼식만 남긴 상태였다.

어떻게 할 참이냐고 묻자, 그녀는 그 언니의 말이 걸리긴 해도 마음을 굳힌 상태이므로 결혼을 진행하겠다고 했다. 이렇게 말하면서도 그녀는 그 언니의 말이 걸리는지 무거운 표정을 지었다.

안타까웠던 나는 그녀에게 유대인들이 생활의 지혜를 얻는다고 하는 탈무드를 말하며 거기에 나온 내용 하나를 들려줬다. '이미 산 물건에 대해서는 트집을 잡지 않는다'라는 말로, 어차피 모든 것에는 좋은 점과 나쁜 점이 있게 마련인데 이미 선택한 뒤에는 따져 봐야 해로움만 된다는 교훈을 담고 있었다.

나는 그녀에게 물건뿐만 아니라 모든 사람에게는 좋은 점과 나쁜 점이 수두룩하다고 말했다. 어느 것을 더 찾아내느냐에 따라 상대가 좋은 사람이 되기도 하고 나쁜 사람이 되기도 한다고. 그러므로 이미 결심한 상태라면, 장점을 더 부각해서 보는 것이 자신에게 훨씬 더 이득이 되는 자세라고 간곡히 일렀다.

아울러 결혼을 결심한 사람에게 그러한 말을 한 언니의

사려 깊지 못한 태도에 아쉬움을 표했다. 이미 그런 선택을 한 상황에서는 주변 사람들도 장점을 더 강조해 줘야 도움을 주는 것이기 때문이다. 옳고 그름은 그 자체로서 결정되는 것이라기보다 상황과 연계되어 결정되는 것임을 다시금 새긴다.

지나치게 실망하지 않는 법

내게 상담을 받는 50대 전문직 여성은 멋스러운 감각을 지녔다. 그 나이에도 발레를 배우며, 집안에 필요한 예쁜 소품들을 눈여겨 봤다가 장만할 줄도 알고, 음식도 상당히 맛깔스럽게 했다.

어느 날 그 여성은 이런저런 넋두리를 하다 자신은 이미 50대지만, 그래도 언젠가 선물 같은 남자와 만나길 기도한다고 말했다. 자신을 있는 그대로 바라봐 주고 사랑해 줄 남자를 꿈꾼다는 말이었다.

그러한 말에 '여전히 소녀처럼 예쁜 꿈을 꾸고 있구나!' 하며 나는 빙긋이 웃었다. 그 얼마나 예쁜 소망인가 해서다. 그러한 바람을 가슴에 품고 있으면 아무래도 덜 지치고 덜 우울할 것 같아 반기는 마음이었다.

그런데 엊그제 그 여성이 또다시 선물 같은 남자를 만나고 싶다고 말했다. 이러한 말을 들은 나는 처음처럼 반갑기보다 걱정스러운 마음이 들어 조심스럽게 말했다.

"성적인 욕구가 왕성한 젊은 시절에는 상대를 있는 그대로 마냥 좋아해 주지만, 나이 들어가면서는 에누리 없는 잣대를 들이대게 마련이에요. 나이 들어서는 상대를 마냥 곱게 봐주는 사람이 드물기에 선물 같은 남자를 만나기는 현실적으로 어려울 겁니다."

이런 김새는 말에 그녀는 무슨 말이냐는 듯이 눈을 동그랗게 떴다.

나는 다시금 설명했다. 누구든 자신이 원하는 바가 있을 때는 상대를 예쁘게 바라보며 참아 주지만, 욕구가 적어졌을 때는 지극히 상식적인 기준을 적용한다고 했다. 이해를 위해 몇몇 예화도 들려줬다. 가령, 처가에 후하던 남편이 나이 들어가는 어느 시점에서는 뻣뻣해진다든가, 아내만 챙기던 사람이 뒤늦게 아내에게 비난하듯 잔소리를 퍼붓는다든가….

전에는 남편이 냉정해졌다며 당황해하는 부인을 상담할 때, 부인의 방심이 그렇게 만든 것 아니냐는 쪽으로 초점을 맞췄다. 하지만 언제부터인가 아내에게 원인이 전혀 없는 건 아니겠지만, 그보다는 남편 자체에 변화의 원인이 있을 수 있다고 생각하게 됐다. 쉽게 말하면, 성적 욕구가 줄어들면서 남편이 마냥 아내를 사랑스럽게 보거나 아내에게 친절하게 대하지 않을 수 있다는 것이다.

사정이 이러한데 이미 젊음을 뒤로 한 늦은 나이에 뭐 그런 야무진 꿈을 꾸는지…. 나는 그녀에게 이러한 변화를 이해시키며, 선물 같은 사람을 만나지 못하더라도 속상해하지는 말라고 했다. 좋은 상대를 만날 기회가 전혀 없다고 단정하기는 어려우나, 확률상 그렇게 되기 어렵다는 것쯤은 알아두라고 한 것이다.

핑크빛 미래를 꿈꾸는 건 예쁘기도 하고 삶의 커다란 원동력이 될 수 있다고 본다. 하지만, 실망하지 않기 위해서는 때론 예쁜 소망보다도 좀 더 현실적인 시야를 갖는 게 필요하기도 하다.

누구에게나 울타리가 필요하다

상담에서는 '의존'이라는 단어를 부정적으로 보는 경향이 짙다. 그래서, 상담사가 지도나 조언을 하면 의존심을 키우는 꼴이 된다며 극구 경계하려 든다.

이는 상담의 토대인 심리학이 서양 사회에서 꽃피워진 학문이기 때문이다. 개인주의 문화를 이루는 서양에서는 핵심 가치가 '자율성'이라고 해도 과언이 아닐 정도로 개인의 독립심을 강조한다. 따라서, 의존은 금물이고 뭐든지 스스로 선택할 수 있도록 하는 데 역점을 둔다.

하지만 한국은 집단주의 문화권에 속한다. 집단주의 문화권에서는 자율성, 즉 개인의 독립심보다는 '조화'나 '협동심'과 같은 것에 더 가치를 둔다.

그런 이유에서 아무리 능력이 출중해도 위아래를 식별하지 못하는 처신을 하면 외면당하고 만다. 즉, 윗사람을 섬길 줄 알아야 하고, 아랫사람을 품을 줄 알아야 인정을 받지, 그렇지 못하면 도외시 당하기 쉽다.

어느 정도 의존을 하기도 하고 의존을 받아 줘야 하는 이유가, 단지 동서양의 문화적 특성에 있는 것만은 아니다. 사람이라는 존재 자체의 특성에도 있다.

사람은 의존 욕구를 제대로 충족시키지 못하면 탈이 난다. 기댈 수 있는 든든한 의지처가 없으면 마음이 중심이 약해지는 탓에, 그만큼 이리저리 휘둘리기 쉽기 때문이다. 이러한 사람들은 의존 욕구를 충족하기 위해 좌충우돌하며 떠돌게 되고, 헛헛함을 이기지 못해 어딘가에 끊임없이 집착하게 된다. 이러한 집착으로 인해 얼마나 많은 부작용이 생기는지….

따라서, 문화를 막론하고 사람이 올곧게 살기 위해서는 주위에 버팀목과 같은 대상이 있어야 한다. 그물망처럼 복잡하게 얽혀있는 관계 속에서 펼쳐지는 우리의 삶. 그 속에서 우리는 누군가에게 담뿍 기대기도 하고, 아울러 누군가의 울타리가 되어 주기도 해야 한다는 것이다.

굴레에서 벗어난다

언젠가부터 우리는 약간의 차이를 대단하게 생각하는 풍조에 젖어있다. 가령 대학교도 일류니, 이류니 정해 놓고 엄청난 가치와 의미를 부여한다. 명문대학교를 나왔으면 그러한 급에 맞는 생활을 하는 게 당연하다는 식이다.

직장도 그런 식으로 분류를 하면서 일류면 으스대고 그렇지 않으면 기죽기 일쑤다. 이러한 신분제를 만들어 놓고 스스로 그 굴레에 갇히기를 좋아하니, 이 무슨 기이한 행동인가.

그런데 이러한 신분제도에 갇혀 사는 게 합당한 태도인

가? 아무리 생각해도 이상한 사태다. 사실, 우리 삶의 질을 좌지우지하는 것은 인간관계이지, 다른 게 아니다. 게다가 아무리 많은 것을 이뤘어도 노화와 죽음 앞에서는 속수무책으로 평등하게 마련인데, 뭐 그런 차등을 지어 놓고 그러한 것에 속박되어 사는가.

따지고 보면, 이 세상 어느 것도 다 변화해 가는 것으로 그리 대단한 것이라고 볼 수 없다. 괜스레 사람들이 과장해 놓고 야단법석을 떠는 형상이지 사실 아무것도 아니라는 것이다. 그러한 연유로, 진정 잘 산다는 것은 자유롭고 쾌적하게 사는 게 아닐까 한다. 그렇게 살려면 괜한 거품에 속지 말고, 어떤 게 참된 것인지 살피지 않으면 안 될 것 같다.

감정을 자극하지 않는 예의

남의 자존심을 건드리지 않는다든가 상처를 남기지 않도록 처신해야 한다는 것을 대개의 사람은 알고 있다. 그러나 의외로 이런 부정적인 것만이 아니라, 다정다감하게 구는 것도 지나치면 해를 끼친다는 사실을 사람들이 잘 모르는 것 같다.

특히 사랑의 감정이 돋아나도록 자극하는 것을 조심해야 한다. 한 번 돋아난 사랑의 감정은 좀처럼 제자리로 돌아가기 어려운 불길이기 때문이다. 그런 연유로 거둘 자신이 없으면 함부로 건드려서는 된다. 사과를 먹지 않을 바에는 함부로 사과나무를 흔드는 게 아니라는 서양의 속담도 있지 않던가.

얼핏 보면 앞뒤 안 가리고 자신의 감정에 충실한 사람이 힘 있어 보여 멋지게도 비치지만, 다른 사람의 감정을 들뜨게 하여 고통에 빠지게 하면 큰 낭패다. 적어도 어른이라면 자신의 감정만 소중한 게 아니라 상대의 감정도 내 것 못지않게 중요하다는 것을 알고, 배려하는 태도를 지녀야 한다. 역지사지를 고려하지 못한다면 자기만 아는 아이와 무엇이 다르겠는가.

부끄러움 덕분에

상담실에 세 사람이 찾아왔다. 부인과 남편, 그리고 그 아들이었다. 남편과 아들의 싸움에 부인이 극심한 고통을 받은 나머지, 두 남자를 억지로 끌고 온 것이었다.

비슷한 성향의 아버지와 아들은 이해타산적이었으며 팽팽하게 맞섰다. 두 남자가 내게 온 건 서로 지지 않으려는 마음에서였지 자신을 돌아보거나 개선하려는 의지는 전혀 없었다. 반면, 부인은 서로 사랑하고 존중하고 공감하는 관계여야 하지 않느냐며 사춘기 소녀처럼 꿈꾸듯 징징거렸는데, 남편과 아들은 그러한 징징거림에 아랑곳하고 오히려 무시하는 듯했다.

보기가 딱했던 나는 그 부인에게, 두 사람이 뭘 하든 신경을 쓰지 말라고 했다. 말도 어느 정도 먹힐 때나 하는 거지 그렇지 않으면 더 나대는 빌미나 줄 뿐이라며 그만하라고 했다. 그러자 그녀는 살인이 날까 무섭다고 울부짖었다.

나는 다시, 서로의 욕심과 괴팍함 때문에 누구도 못 말릴 싸움을 하는 거라고, 그러니 죽이든 살리든 둘이 해결할 문제라며 괜스레 끼어들지 말라고 했다.

제삼자가 그렇게 냉정하게 말하니까, 두 남자도 예상 밖이었는지 멀뚱멀뚱 나를 쳐다봤다. 그녀의 징징거림에 지쳤는지 도리어 시원해하는 것도 같았다. 나는 그 부인에게, 그 둘은 무자비하여 남의 말도 듣지 않는 부류의 사람들이라고 말하며 그들을 우회적으로 비판했다.

그래도 그 부인은 눈물을 흘리며 그들이 상담을 받도록 이끌어달라고 내게 또다시 부탁했다. 상담이란 본인의 의지가 없으면 안 된다고 말해도 막무가내였고, 그럴수록 두 남자는 그녀를 무시하며 콧방귀를 뀌었다.

안 되겠다고 생각한 나는 비장의 카드를 꺼냈다. 그 부인이 덜 무시당하고, 덜 상처받도록 하기 위해서는 그들과 거리를 두도록 냉정해지게 만들어야 한다고 여긴 것이다.

"상황 판단을 못 할 정도로 자신이 어린애인데 자꾸 남을 고치려 하니 말이 됩니까?"

자신을 어린애처럼 멍청하다고 단정하는 듯한 말에 놀랐는지 그녀는 순간적으로 주춤하며 좀 전의 징징거리던 목소리와 눈물을 단박에 그쳤다.

"거칠고 기센 두 남자가 진흙탕에 뒹구는데, 전혀 먹히지도 않을 아름다운 관계를 유지해야 한다며 징징거리는 모습입니다."

내가 덧붙인 말에 자존심이 상하는지 그 부인은 입을 꽉 다물었다. 오히려 그런 모습이 좀 전의 울먹거리며 징징거리는 모습보다 훨씬 상황에 맞고 무게 있어 보였다. 그뿐만 아니라 자기들로 인해 그녀가 그렇게 망신을 당하니까, 두 남자는 부끄러워지는지 얼굴을 붉혔다.

나는 부인의 모습을 바라보며 '아, 어쩌자고 사람은 이토록 부끄러워야 변하는가!' 하고 한숨지었다. 부끄러움이 올라오도록 충격을 받아야 그나마 하던 짓을 멈추니, 야속하기 이를 데 없었다.

우리 주위에는 이처럼 기존의 방식대로 처신하면 갈등이나 문제가 커진다는 것을 뻔히 알아도, 그냥 익숙한 방식대로 언행을 하는 사람들이 수두룩하다. 머리 따로 몸 따로 놀 뿐만 아니라 솟구친 자신의 감정대로 해야 직성이 풀린다는 식이다.

이러한 사람에게는 상황이나 마음에 대한 분석을 해 줘도 소용없다. 다른 방법을 동원해야 한다. 이 중 많이 활용되는 방법은 공감이다. 언 땅에 봄이 찾아오면 만물이 소생하듯, 공감은 그와 같은 위력을 갖는다.

하지만 때로는 이것도 무용지물이 되곤 한다. 이럴 땐 직면이라는 비장의 카드를 써서 충격을 주는 게 하나의 방법이다. 직면은 그 사람이 가지고 있는 모순이나 불찰을 지적함으로써 부끄러움을 느끼게 하는 방법이다. 사람은 자존심에 죽고 사는 존재이므로 직면을 당하면 부끄러운 나머지 남이 알세라 얼른 변화하고자 애쓰는 까닭이다. 비록, 부끄러움을 자극하는 말은 독성이 강해 자주 쓰면 안 되지만, 정 안 될 때는 그것이라도 사용할 수밖에 없다. 더 큰 해를 방지하기 위해서다.

모든 건 흔적을 남긴다

한번은 거실문과 창문을 활짝 열어 놓은 상태에서 쑥뜸을 뜬 적이 있다. 이때 우리 집 강아지 용이는 멀찌감치 떨어져 나를 지켜보고 있었다. 냄새가 독해 곁에 가까이 다가오기를 꺼리는 것 같았다.

그런데 그다음 날 조카가 말하기를, 용이와 산책하는데 초등학교 1~2학년 정도 아이가 다가와 이렇게 말했다고 한다. "강아지에게서 할아버지 냄새가 나요! 담배 냄새가 나요."

그 말을 들은 조카는 당황스러워 얼른 용이를 데리고 그

자리를 떴다고 한다. 혹시 목욕을 시키지 않았다고 여길까 봐 창피했다는 것이다. 나는 그 말에 웃음을 터트렸다. 산책하러 나간 건 쑥뜸을 뜬 다음 날이었는데, 그때까지 쑥 냄새가 용이 털에 배어있다는 사실이 놀라웠고, 어린아이의 후각이 어쩌면 그토록 예민한지 신기했기 때문이다.

조카가 전한 말은 한동안 여운을 남겼다. 냄새를 빼려고 문을 활짝 열어 놓았을 뿐만 아니라 용이도 멀찌감치 떨어져 앉아있었는데 그토록 냄새가 뱄다니…. 문득 '그 어떤 것도 흔적을 남기게 마련이구나!' 하는 생각에 고개를 끄덕였다. 노는 물이 좋아야 한다는 말을 떠올리지 않을 수 없었다.

별것 아닌 쑥 냄새도 그럴진대, 장시간 보고 듣고 하는 것들이 남기는 영향은 어떠할까? 많은 것들의 합이 우리 각자의 모습이지 싶었다. 그런데도 우리는 어쩌면 이렇게 마음 내키는 대로 행동하며 사는지…. 어떤 행위든 그 흔적을 남긴다고 하는데 생각하면 무섭지 아니한가. 점점 나이를 더해가면서 업業의 엄정함에 숙연해질 따름이다.

생긴 대로 산다

어떤 아이는 예민하고, 어떤 아이는 둔감하고, 어떤 아이는 까칠하다. 왜 이러한 차이가 벌어질까?

대개의 부모는 자녀의 천성 때문이라고 말한다. 아이의 행동에 대해 자신의 잘못이 없음을 주장하고 싶어서다. 반대로 상담사는 될 수 있는 한 부모의 양육 태도로 원인을 설명하고 싶어 한다. 부모의 양육 태도를 꼬집는 이유는 그렇게 후천적인 영향으로 삼아야 개선을 위한 작업을 할 수 있기 때문이다.

각각의 관점에 나는 고개를 끄덕인다. 그러나, 점점 이러한 차이는 선천적인 비중이 크지 않을까 하고 여기게 된다. 젊었을 때는 상담사로서 가능한 한 후천적인 영향으로 보려 애썼지만, 나이 들면서는 외부에서 아무리 영향을 주려 해도 선천적인 성향을 넘어서기 어려운 경우를 많이 보기 때문이다. '세 살 버릇 여든 간다'는 말처럼 일찍이 형성된 습관은 좀처럼 바뀌지 않는다는데, 태어날 때부터 지닌 천성이라면 오죽하겠는가.

이참에 자녀를 키울 때 부모는 어떤 마음가짐을 가져야 할지 곱씹어본다. 욕심을 부리지 말고 그 아이의 성정이나 그릇에 맞게 공들이는 게 필요하다. 부모의 노력으로 자녀의 성향을 바꾸는 데는 한계가 있으니, 아이가 그저 자신의 그릇이나 성향대로 살아갈 수 있도록 도와주는 게 부모가 할 수 있는 최선이 아닐까 한다.

소소한 배려의 가치

사진이 필요해 사진관에 갈 일이 생겼다. 마침 내가 사는 아파트 단지 인근에 구청이 있는데, 그 건너편에 사진관이 있었다. 오전 9시면 문을 열리라 여기고 그 시간에 맞춰 가는데, 갑자기 배가 아팠다. 참기 어려웠던 나는 차에서 내리자마자 급히 상가 화장실로 달려갔지만, 문은 잠겨 있었고 열쇠를 사용하라는 안내문만 붙어 있었다. 나는 급히 사진관으로 갔으나 5분 전 9시이기 때문인지 주인이 나오지 않았다.

허둥대는데 마침 상가에 있는 반찬가게에서 한 아주머니

가 왔다갔다했다. 나는 아주머니에게 배탈이 나서 그러니 열쇠 좀 빌려달라고 부탁했다. 하지만 야박하게도 그 아주머니는 주인이 나와야 열쇠를 가지고 온다며 내 청을 거절했다. 다른 것도 아니고 사람이 있는 곳에 열쇠가 없을 리 만무했지만, 그것을 따질 겨를이 없었던 나는 급하다며 사정했다. 그러나 아주머니는 편의점에 가리키며 거기에 가서 말해 보라 했다.

나는 다급하게 그곳으로 달려갔다. 그리고는 편의점 주인에게 배탈이 났다며 물건은 잠시 후에 살 테니 먼저 화장실 열쇠를 달라고 부탁했다. 하지만, 그 아저씨도 부탁을 거절하며 길 건너 구청 화장실은 잠겨 있지 않을 테니 그곳으로 가보라는 거였다. 세상에, 촌각을 다투는 사람에게 그렇게 말하다니! 그와 씨름할 겨를이 없었던 나는 냅다 뛰어 대로로 나섰고, 길을 건너 쏜살같이 구청으로 들어가 화장실로 달렸다.

잠시 후 지옥 같은 절박감에서 해방된 나는 기진맥진했다. 어느 정도 진정되자 부탁을 거절했던 사람들을 하나둘 떠올리며 어찌면 그럴 수 있는가 하여 고개를 저었다. 가정집도 아니고 상가에서 그토록 인색할 수 있다는 사실이 놀라웠다. 만약 그때 무사히 견디지 못하고 실수했다면 하고 생각하니 진땀이 솟았다. 사람들의 무지막지함에 회의를 넘어 슬픔이 몰려왔다.

단기간에 경제적으로 엄청난 성장을 이룬 한국 국민에 자부심이 없는 건 아니다. 그러나 너무 거칠고 이기적이어서 실망스러울 때가 한두 번이 아니다. 남보다 잘사는 데만 열을 올렸지, 기본 소양을 갖출 겨를 없이 살았던 게 아닌가 싶다.

그러나, 잘 산다는 건 좋은 집에 살거나 좋은 학교, 좋은 직장에 다니는 것 이상이다. 직위에 따른 도덕적 의무(노블레스 오블리주)와 같은 거창한 것은 모르더라도 일상에서 소소하게 배려하는 마음을 지니는 게 잘 사는 것의 기초라고 본다. 가령, 문을 여닫을 때 뒷사람을 위해 문을 잡아 준다든가, 급한 사람이 있으면 앞서가도록 비켜준다든가 하는 것들이 일상에서 우리를 흐뭇하게 만든다.

의식주 같은 생계에 꼭 필요한 굵직한 것들이 잡히고 나면 존중, 배려, 연대와 같은 것들을 돌아본다고 하는데, 언제 그렇게 성숙해질지…. 아직도 우리는 생존에 필요한 큰 줄기를 잡고 씨름하는 단계지 소양에 관한 것을 가지고 다듬는 단계는 아니란 생각이 든다. 하루빨리 그런 날이 오기를 기대하는 마음이다.

어른에게도 어른이 필요하다

우리가 사람의 꼴을 갖추는 데는 반드시 어른의 보살핌이 있어야 한다고 본다. 자녀가 신체적으로 무럭무럭 자라나게 하는 데는 먹이고 입히는 게 필수이듯, 정신적으로 균형 있게 성장하는 데는 어른의 지도가 필요하다는 것이다. 특히 다음과 같은 예화는 이러한 생각을 견고하게 해 준다.

내게 자신의 이야기를 들려준 사람은 괄괄한 성격의 남자였다. 농촌 출신이라는 그는, 바닥에 세워둔 볏단이 줄어드는 것 같다는 일꾼의 말을 어느 날 들었다. 탈곡하기 전에 좀 더 마르라고 논 한가운데 세워둔 볏짐을 말하는 거였다.

그 말을 들었던 그는 집안에 뭔가 보탬이 됐으면 하는 마음에서 밤잠을 자지 않고 망을 봤단다. 그렇게 지키고 있자니, 칠흑같이 어둠이긴 했어도 뭔가 움직이는 물체가 보이더라고 했다. 그래서 냅다 달려가 볏단을 지고 가는 사람을 잡으며 도둑놈이라고 소리쳤단다. 그렇게 하면서 고등학생으로 한참 혈기 왕성했던 그가 도둑을 후려치려는 순간, 언제 나타났는지 아버지가 뒤에서 말씀하셨다.

"야야, 사람을 그렇게 다루는 게 아니다."

아버지의 엄정한 말씀에 주춤하자, 아버지가 나서서 그 사람에게 조용히 쓴소리를 하셨단다. 연실 머리를 조아리는 그는 다름 아니라 같은 마을에 사는 농부였단다.

며칠 뒤 그 농부는 봇짐을 지고 식구들과 함께 마을을 떴다. 남의 농작물에 손을 댄 도둑놈으로서 더는 그곳에서 얼굴을 들고 살 수 없었기 때문이다.

몇십 년이 흐르는 사이 아버지는 돌아가셨고, 고등학생이던 그도 중년이 됐다. 하루는 아버지 산소에 오르다가 산속 외길에서 한 무리를 만났는데, 맨 앞의 노인이 바로 그 농부였다. 도시로 이주했어도 조상의 묘가 그 지역에 있어 성묘하러 간간이 그곳에 들려야 했던 그 농부는 한눈에 상대를 알아보고 움찔했다.

어느새 백발이 되어버린 그 농부는 뒤따르는 자손들에게 먼저 내려가 있으라고 말하고는 그에게 길섶을 가리키며 잠시 앉자고 했다. 자리에 앉자, 그 노인은 소매 끝으로 눈시울을 닦아내며 그 당시 식구는 많고 식량은 적어 그런 짓을 했다고 사죄했다.

다 꼬부라진 노인에게서 이러한 사죄의 말을 듣던 그 남자는 자신도 모르게 전율했단다. 만약 아버지께서 그 순간 말리지 않았다면, 자기는 사람에게 지울 수 없는 상처를 남기고 말았을 것 아니냐고 했다. 그래서 '사람을 그렇게 다루는 게 아니다'라고 말씀하셨던 아버지에게 무한한 감사를 드렸다고 했다.

나 역시 이러한 이야기를 들으며 울컥했다. 한순간의 실수로 조상 대대로 살아왔던 고향을 등져야 했던 그 멍에도 적지 않았을 텐데, 젊은이에게 맞기까지 했다면 그 멍울을 어찌 감당했겠는가. 순간의 방심이 평생의 삶에 그토록 엄청난 상처를 입힐 수 있다는 사실에, 당사자가 아닌 타인인데도 몸서리가 쳐졌다.

우리 모두는 불완전한 존재로서, 순간의 방심으로 끝없는 나락에 떨어지기도 한다. 이러한 실수를 저지르지 않도록 잔소리해 주는 어른이 주위에 있다면 얼마나 큰 복인가.

그런데 오늘날 우리는 그러한 어른을 상실한 채 개성이라는 이름 아래 자기 멋대로 살아가는 형상이다. 때로는 이러한 것에 어지럼증을 느낄 정도다. 그래서인지, 넘치면 좀 더 덜어내라고 일러주고, 모자라면 좀 더 보태라고 일러주는 어른이 간혹 눈물 나게 그립다. 어른의 지도가 있어야 그나마 사람답게 살아갈 수 있는 꼴을 갖출 수 있지 않을까 해서다.

더듬더듬 나아간다

사람들과 함께하는 저녁 모임이 있었다. 테이블마다 여덟 명씩 앉아 식사한 후 어느 정도 시간이 지나자, 사람들은 여기저기로 자리를 옮겨가며 친한 사람들과 담소를 나눴다. 내가 있던 테이블에서도 한두 명씩 일어나 다른 테이블로 옮겨가는 바람에 나만 덜렁 남게 됐다.

어색한 마음에 주위를 둘러보다 모임의 어른이신 분과 눈이 마주쳤다. 나는 민망한 듯이 웃으며 어쩌다 혼자 남았다고 알렸다. 그러자 그분은 웃으며 그럼 자기가 있는 쪽으로 오라고 손짓했다.

그렇다고 조르르 그쪽으로 가기도 민망해 그냥 남아있겠다고 말했다. 나마저 옮겨버리면 우리 테이블은 영영 비어있을 테니 그것도 보기 싫었다. 그렇게 한참을 음식이나 씹으며 홀로 앉아있는데, 잠시 후 회장과 총무가 다가와 말을 붙여 내심 잘됐다고 생각했다.

며칠 후 그 어른과 통화를 하다, 그날 저녁 홀로 있는 내가 딱해 보였는지 회장과 총무가 건너왔다고, 나를 상대하느라 그들이 애썼다는 말을 전했다. 그러자 그분은 자리 배정을 어떻게 했길래 장 교수가 저렇게 혼자 있게 됐냐며, 당신께서 그들에게 한마디하셨다는 것이었다.

그제야 나는 '아, 그들이 내게 그래서 다가왔던 것이구나!' 하고 알았다. 동시에 나로 인해 그들이 쓴소리를 들었다는 사실에 난감했다. 주변머리 없는 탓에 자신만 민망한 모습을 내보였던 게 아니라 주변 사람들까지 쓴소리를 듣게 했으니 그야말로 민폐였다.

사람들은 모이면 으레 우스갯소리를 나누며 떠들썩한데 나는 그런 면에 있어서 상당히 서툴다. 다른 사람들이 하는 말에 따라 웃기는 하지만 내가 먼저 우스갯소리를 하지는 못하니 말이다. 그러다 보니 난감했던 때가 한두 번이 아니다. 언젠가는 나를 중심으로 왼쪽과 오른쪽이 나뉘어 왁자지껄 이야기를 나누는데, 어느 쪽으로 향할지 몰라 두리번거렸던 적이 있다. 또 어떤 때는 내가 초대한 손님과 함께 행사장에 도착해 자리를 잡았는데, 다른 사람들이 내 곁으로 오지를 않아 끝까지 그 손님과 둘이서만 앉아있던 적도 있다. 그 손님에게 얼마나 부끄러웠는지 모른다.

그런 상황에 부닥칠 때마다 좀 더 분발해야지 하고 마음을 다졌어도 번번이 그때뿐이었다. 늘 바쁘기도 했지만, 사실 내 성향이 진지함에 더 치우친 탓이다. 인생살이에서 재미있게 사는 게 중요하다는 것을 잘 알면서도 또 그러한 사태를 빚고 말았다.

앞으로 어떻게 해야 할까? 잘 변하지 않는다고 하여 그냥 생긴 대로 살아서는 안 될 것 같다. 인생살이에서 재미만큼 중요한 게 없다는 생각 때문이다. 이제는 노력하겠다는 생각을 넘어 진짜로 놀아야겠다는 각오를 다진다. 더듬더듬하게라도 끊임없이 노력하다 보면 언젠가는 나아지지 않겠는가.

동시에, 별것 아닌 것을 재미있게 말하는 이들의 감각에 찬사를 던진다. 적재적소에서 웃음꽃을 피우는 그들의 생동감. 웃음을 터지게 하면서도 과하지 않고, 동시에 진지할 때 진지하기란 여간 어려운 게 아닌 것 같다. 그렇게 하는 그들의 감각은 정말 부럽다.

뜻대로 되지 않는 게 인생이다

아파트 단지에 도착해 엘리베이터를 기다릴 때였다. 자매로 보이는 소녀 둘이 후다닥 달려와 내 곁에 섰다. 그들도 나를 쳐다보다가 귓속말로 속닥거리며 깔깔댔다. 곧이어 다 함께 엘리베이터를 탔는데, 잠시 후 동생이 용기를 내듯 내게 말했다.

"저기, 마스크를 거꾸로 썼어요."

그들이 그렇게 웃었던 것은 마스크를 거꾸로 쓰고 있는 내 모습 때문이었던 것 같다.

"아, 그래? 알려 줘서 고맙다."

이렇게 말하는 사이 그들은 쑥스럽다는 듯 다시 웃었고, 곧바로 자기네 집이 있는 층에서 콩콩 뛰어내렸다.

그 나이 때는 모든 게 그렇게 신기하고 재미있는 것인지! 별것 아닌 일로 그렇게 웃는 그들이 마냥 싱그러웠다. '나도 그들처럼 그렇게 잘 웃었던 때가 있었지' 하는 생각이 들었다. 세월이 유수 같다더니 어느새 청소년기를 지나 중년기도 넘기고, 이제는 노년기에 들어서 있다. 아직도 어렸을 때의 기억이 엊그제 일처럼 선하기만 한데….

지금 생각하면 어이없지만, 나는 내가 훗날 커서 행복하게 잘 살 줄만 알았다. 세상이 나를 중심으로 돌아가는 줄로 알았기 때문이다. 나라는 이유로 행복하게 살리라 믿었으니 참 우습다.

그런데 막상 내가 살아가는 세상은 어떠한가. 어느 것 하나 녹록한 게 없다. 어려서는 힘겹게 공부를 해야 했고, 진학도 자신의 능력에 맞게 가야 하는 거였고, 더구나 인간관계는 혼자 잘한다고 되는 게 아니었다. 수많은 우여곡절을 겪으면서 비로소 세상살이가 뜻한 대로 되는 게 아니라는 것을 알게 됐다. 오히려 뜻대로 되지 않는 게 훨씬 많다는 사실도….

작은 것에도 까르르 웃음을 터트리는 그 소녀들의 해맑음, 그들의 웃음소리가 왜 그렇게 귓가에 맴도는 걸까? 그런 때가 내게도 있었다는 그리움 때문인지, 아니면 그런 모습도 어느덧 사라질 게 뻔해 안타깝다는 심정 때문인지 명확하지 않다. 다만, 한세상 산다는 게 잠시라는 생각이 들 뿐이다.

3부

미워하지 않는다

타인을 바꿀 수 없다

사람들이 선을 넘으면서 집요하게 물고 늘어지는 이유는 원하는 대로 상대를 바꾸려 하는 데 있다. 그러나, 사람이란 복잡하기 이를 데 없는 역학 속에서 자기 나름으로 사고하거나 행동하지, 누가 난리 친다고 그것에 쉽게 동조하지는 않는 것 같다. 이러한 사실을 깨닫지 못하고, 자기식대로 해야만 직성이 풀린다면 그만큼 협소함에 갇혀 사는 셈이다.

상대를 자기식대로 조정하려는 미숙함에 갇혀 지내는 건 어느 정도 타고난 성향 탓도 있겠지만, 대체로 감정적 응어리 때문이라고 본다. 순탄히 자랐다면 굳이 악쓸 필요 없이 상대의 약점을 그러려니 하고 받아들이지만, 각박한 환경에서 모질게 자란 사람은 분노가 차 있어서인지 자신도 모르게 빡빡하게 굴게 되는 것 같다.

하지만 혼자 사는 게 아니고 함께 살아가기로 했다면, 상대의 마음에 신경을 써야 한다. 상대를 지치게 만들거나 자존심을 상하게 하면, 결국은 관계가 깨어지고 말기 때문이다. 행복이나 불행은 주변 사람과 맺는 관계가 결정하는 것이다. 그런데도 자신의 성질을 못 이겨 상대를 괴롭힌다면, 그것이야말로 어리석음이 아니고 무엇이겠는가.

미워하지 않는다

전에 읽었던 신영복 선생님의 《감옥으로부터의 사색》을 다시 꺼내 들었다. 무기징역수로 20년을 살았던 인고의 세월 속에서 그분은 흐트러지기보다 오히려 자신의 인격을 더 성장시켰다. 감금된 상태에서도 많은 독서를 했고, 흉악범들의 말에도 온전히 귀를 기울였다.

그렇게 올곧을 수 있었던 이유는 무엇일까? 끝이 보이지 않는 절망에 자포자기할 법도 한데, 도리어 많은 사람에게 횃불이 됐으니 말이다.

한마디로 규정하기는 어렵지만 제대로 살고자 하는 마음 때문이라고 본다. 그분이 계수씨에게 보낸 편지에는 다음과 같은 구절이 있다.

'없는 사람이 살기는 겨울보다 여름이 낫다고 하지만, 교도소의 우리들은 없이 살기는 더합니다만, 차라리 겨울을 택합니다. 왜냐하면 여름 징역의 열 가지, 스무 가지 장점을 일시에 무색게 해버리는 결정적인 사실—여름 징역은 자기의 바로 옆 사람을 증오하게 한다는 사실 때문입니다.'

그분은 누군가를 미워하거나 미움받는다는 사실을 무엇보다 불행하다고 여겼다. 그래서 열악하기 짝이 없는 교도소에서도 사람을 증오하게 되는 여름철보다는 차라리 원시적 우정을 이루는 겨울철이 낫다고 한 것이었다.

한 치 앞도 알 수 없는 삶에서 우리가 기댈 수 있는 건 서로밖에 없다. 서로를 어여삐 여겨 보듬어 안을 때 그나마 덜 외롭고 덜 두려울 테니 말이다. 더구나 우리의 삶은 불가분 다른 사람들과 엮여있다. 잘 살펴보면 우리가 느끼는 행복과 불행은 대부분 가까운 사람들의 관계에서 온다. 그런 의미에서 우리는 엄밀한 의미에서 하나일지도 모른다.

그러니, 다른 사람들도 나처럼 행복해지기를 원하고, 나처럼 고통받고 있다는 사실을 깨닫기만 한다면, 좀 더 사람들에게 너그러워질 수 있지 않을까 한다. 생명체를 존중하며 올곧게 사는 길은 바로 그러한 데 있다고 믿는다.

화를 내려놓는 방법

우리 주위에는 기껏 다 해 주고도 좋은 소리를 듣지 못하는 사람들이 있다. 애써 지은 공덕을 다 입으로 까먹는 까닭이다. 그런 식으로 공을 무너뜨리는 이유는 다름 아닌 분노 때문이다. 그래서 나는 인간관계에서 가장 조심해야 할 적을 꼽으라면 분노라고 말한다.

그럼 어떻게 해야 분노를 내려놓을 수 있을까? 많은 방법이 있지만, 상담에서 강조하는 건 두 가지로 압축할 수 있다. 하나는 사람에게 관심을 두는 것이고, 다른 하나는 자기

표현을 하는 것이다.

사람에게 관심을 둔다는 건 마음을 기울이는 행위로, 연민, 호감, 자애 등의 뿌리가 된다. 마음을 두기 시작하면 많은 게 이해되어 수용의 폭이 넓어진다. 나아가 자기표현을 한다는 건 자기 입장을 알리는 첫걸음일 뿐만 아니라 소통에서 토대가 되는 기본적인 행위이다. 이런 것들이 무르익어야만 서로의 입장을 헤아리는 대화가 가능해지는 것이다.

이렇게 상대에게 관심을 두면서 자신의 의사를 표현해 나가면, 관계를 파괴하는 독과 같은 분노에 휘말리는 일은 거의 없어진다. 즉, 그때그때 적절히 말을 하며 지내는 사람은 폭발하듯 뜬금없이 화내는 식의 실수를 하지 않는다는 것이다. 억압하는 식으로 속에 쌓아두는 게 없으므로, 열심히 지어 놓은 공덕도 한 번에 무너질 리 없다.

적당히 긴장해야 한다

라디오에서 흘러나오는 뉴스를 들어보니, 오늘날 젊은이들에게는 자신의 못난 특성을 떳떳하게 내보이는 게 대세란다. 못난 것이라도 자신의 것이라면 받아들여 당당하게 개성으로 삼는 게 오히려 낫다는 말이다.

얼핏 들으면 자신의 약점에 주눅 들지 않고 오히려 과감하게 내보이라는 말이 그럴듯하게 들린다. 하지만 자세히 들여다보면, 자신의 부족한 점을 고쳐서 남들과 어우러지게끔 발전시키지 않고 그냥 생긴 대로 살겠다는 의미 같아 마냥 좋아하긴 좀 그렇다. 부족하다며 움츠리는 것도 바람직하지 않지만, 그렇다고 자신의 현 상태를 덮어두고 수용하며 자족하는 것도 썩 권장할 건 아니기 때문이다. 자칫 뻔뻔해 보이거나 성장의 발판이 되는 반성이 없어지는 것은 아닌가 해서다.

사람인 이상 더불어 사는 모습을 취하지 않으면 어느 곳에서도 환대받을 수 없다. 아무리 개성대로 사는 게 중요하다지만 다른 사람들과 조화를 이루지 못하면 허사다. 따라서, 함께 어울릴 수 있도록 부단히 노력하는 게 바람직하고, 또 그것을 위해 적당히 긴장하는 것도 삶에서 필요한 자세라고 본다.

솔직함도 죄가 될 수 있다

인간관계는 유리잔처럼 조심스럽게 다뤄야 한다. 특히 곤란한 상황일수록 조심스럽게 말하지 않으면 상황은 더더욱 꼬이게 마련이다.

가령 곤란한 부탁을 받았을 때는 그 자리에서 싹둑 맞게 거절하기보다 상대가 무안하지 않도록 '한번 생각해 보자'라든가, 아니면 '상의해 보고 연락을 주겠다'라고 하는 게 바람직하다. 잘 돌려 말하는 건 일종의 예의이기 때문이다. 아쉬운 처지에 놓인 청탁자는 극히 예민한 상태에 있기에 조심스럽게 대하지 않으면 상처를 받게 마련이다.

이런 주장에 대해 반기를 드는 사람들도 있다. 우회적으로 돌려 말하면 상대가 단념하지 않을 것이기에 분명하게 말하는 게 더 낫다고 주장하며, 다소 상처가 될지라도 분명하게 말해 줘야 쓸데없는 기대를 품지 않는다는 것이다.

각각의 주장에 다 일리가 있다고 보지만, 참으로 중요한 것은 그러한 솔직함이 상대에 대한 배려 위에서 이루어져야 한다는 것이다. 딱딱 내뱉는 식으로 하다가 상대의 자존심을 다치게 한다면 그것도 죄다.

정녕 상대를 배려하지 않고 단호하게 말하고 싶다면, 이후에 자신에게 떨어지는 타인들의 악의적이거나 부정적인 평가를 그러려니 하고 군소리 없이 받아들여야 한다. 자신의 직선적인 태도가 일으킨 결과이기 때문이다.

함부로 결점을 내보이지 않는다

젊었을 때는 서로 맞지 않아 갈등하던 부부도 나이가 들면 그리 다투지 않는다고 한다. 수용이나 화합이라기보다 일종의 포기로, '너는 너, 나는 나'로 지내기 때문이란다. 실제로 주위를 살펴보니, 서로를 있는 그대로 품으며 애틋하게 맞추려 드는 부부가 생각보다 드물었다.

그러나 삶의 질을 좌우하는 결정적인 요인은 배우자와의 관계이지 다른 게 아니다. 자녀가 소중하긴 하지만, 아이들은 다 자라고 나면 자신의 인생을 살고자 떠나기 때문에 거의 남과 다를 바 없다. 부모는 자나 깨나 자녀를 향해 해바라기 노릇을 하지만, 자녀는 자기 살기에 바빠 특별한 날 방문하는 정도에 그친다.

반면, 끝까지 함께하는 사람이자 곤경에 처했을 때 옆에서 도와주는 사람은 배우자뿐이다. 이러한 사실을 인식하고 부부간의 관계를 위해 특별히 공을 들여야 하는데, 이를 놓치는 자들이 수두룩하다.

부부 사이를 돈독하게 하기 위해서는 적어도 다음과 같은 사항을 염두에 두는 게 좋다. 최대의 관심을 자녀가 아닌 배우자에게 두도록 한다는 점이다. 관심의 우선순위가 바뀌면 그만큼 부부관계는 소원해지고, 이는 가정의 근간을 위태롭게 한다.

그다음으로는 상대가 싫증을 내지 않도록 자기 관리를 잘하는 것이다. 부부란 사랑을 나눠야 할 관계이므로 거친 면을 함부로 내보이는 것은 실책이다. 가릴 건 끝까지 가리는 조심스러움을 지니는 게 바람직하다.

셋째는 상대의 취향에 대한 존중이다. 어떤 부부는 TV 앞에서 끊임없이 싸운다고 한다. 남편은 스포츠를 보려 하고, 아내는 드라마를 보려 들기 때문이란다. 취향이라 어쩔 수 없다고도 하지만 이는 하나만 알고 둘은 모르는 말이 아닐까 한다. 취향은 어느 정도 타고나기도 하지만 공들인 만큼 만들어지기도 하는 까닭이다. 자신의 취향을 고수하기보다 상대의 취향을 존중하고자 애쓰다 보면 비슷해지고, 그러면 서로 더 친밀해지게 마련이다.

이렇게 살다 보면 늘그막에 서로 싸우지 않는 이유가 포기해서가 아니라 수용 덕분이지 않을까 한다.

할 말은 하고 산다

말이란 적당히 하고 살아야지, 입을 꾹 다물고 사는 것은 그리 바람직하지 않다. 그런데 언제부터인가 사람들은 남의 일에 관여하지 않는 게 예의인 것처럼 비정하리만큼 입을 다물고 산다.

그런데, 자기 일이 아니라고 관심을 두지 않는 게 과연 예의일까? 그런 것은 아니라고 본다. 서로에게 치부가 될만한 것은 가리되, 바로 잡을 만한 것이 있으면 가감 없이 말해 서로 건강하게 공생하도록 돕는 게 오히려 서로에 대한 진정한 예의가 아닐까 한다.

좋은 게 좋은 거라며 한쪽이 오래도록 참는다든가, 상대에게 관심을 끄고 지낸다든가 하는 건 관계적인 측면에서도 그리 좋지 않다. 한쪽으로 치우쳐 언젠가 불만이 터지거나 혹여 그렇지 않더라도 생동감을 잃게 되어 거의 죽은 것이나 다름없어지는 탓이다.

자신이 살아 있음을 입증하는 것도 말이고 관계가 윤택해지는 것의 여부도 말이 결정한다. 그러니 말을 마냥 아끼는 것이 아니라 적재적소에 써 빛을 발하도록 해야 한다.

있는 그대로 수용하기

공부 잘하는 아들을 둔 덕에 아주 의기양양하던 부인이 있었다. 그런데, 그 아들이 대학생 때 교통사고를 당해 불구가 되고 말았다. 자신이 장애인이라는 사실을 받아들이기 어려웠던 그 아들은 급기야 우울증을 앓기 시작했고, 졸업 후 가까스로 장애인 고용제도를 통해 일하게 됐어도 위축감으로 늘 어려움에 빠져 지냈다. 이런 아들 때문에 마음을 졸이고 살던 그의 부모는 내게 아들을 데리고 와서 한숨지었다.

나 역시 그 심약한 아들을 보니 마음이 저렸다. 어찌하다

사고를 당해 그렇게 꺾였는지…. 부모의 애달파 하는 마음도 보기 딱했다. 장성한 자녀가 울타리 역할을 해 주면 나이 든 부모의 얼굴이 펴지게 마련인데, 그와 반대로 그들은 자기들이 세상을 떠나면 아들이 장차 어떻게 살지를 걱정하며 딱한 얼굴을 하고 있었다.

나는 그 부모에게 이미 닥친 상황인데 그 이상으로 염려한다고 무슨 소용이 있겠냐고 물었다. 아들의 미래가 걱정되기는 하지만 억지로 되는 게 아니니, 단지 지금 할 수 있는 것에 온 마음을 기울일 뿐 미리 걱정하는 오류를 범하지 말라고 했다. 나로서는 그 이상 어떻게 할 수 없어 그렇게 말하자, 그 어머니가 머리로는 알겠는데 정작 실천이 안 된다며 눈물지었다.

나는 그들이 돌아가는 뒷모습을 바라보며 '머리로 아는 것을 실천으로 옮기는 게 진정한 힘이겠구나!' 하고 생각했다. 그 힘이 없으면 숱하게 불어닥치는 외부자극에 끊임없이 흔들리고 말 테니, 그것도 지옥이겠다 싶었다.

대상이 어린애라면 보호자가 적절한 충족과 좌절을 통해 수시로 담금질을 해 준다지만, 어른의 경우는 스스로 정신을 차리고 자신의 힘을 조금씩 증진해가는 수밖에 없다. 사유를 통해서든 독서를 통해서든 아니면 상담을 통해서든 스스로 자신을 키워야 한다.

되지도 않는 일에 매달려봐야 도리어 심정만 상할 뿐이다. 어떻게 펼쳐질지 도무지 알 수 없는 세상, 그래서 아무리 어렵더라도 힘을 키워 주어진 상황을 수용하며 살아야 한다. 그렇지 않으면 냉정한 세상 속에서 본인 자신이 그 대가를 치르게 마련이다.

한두 번 말해도 고쳐지지 않으면

'세 살 버릇이 여든 간다'는 속담이나 '사람은 죽어야 변한다'는 말은 모두, 변화가 쉽지 않다는 의미다. 그런데 도대체 무엇 때문에 그토록 변화하기가 어려울까?

일차적으로 분노의 족쇄에 묶여있기 때문이라고 본다. 사람은 분노 덩어리, 즉 적개심을 갖게 되면 그것에 휘둘릴 가능성이 짙다. 활활 타오르는 불꽃처럼 화는 언제 어디서고 합리성을 추구하는 이성을 말살시키려 들기 때문이다. 그래서 이성을 발휘하며 아무리 변화하고자 해도, 분노가 올라오면 우리는 금세 기존의 방식대로 행동하게 된다.

다른 하나는 굳을 대로 굳어진 습성 때문이다. 어떤 행위든 시작할 때는 별것 아니어도 반복되면 큰 세력을 떨쳐 멈추거나 바꾸기 어렵다. 오죽하면 노인과 젊은이가 마찰을 빚으면, 젊은이가 이해하고 넘어가야 한다는 말이 있겠는가. 그래서인지 정신분석에서는 변화 가능한 대상, 즉 치료가 가능한 대상을 18세~55세 사이라고 말하기도 한다. 너무 어리면 자기를 돌아보는 힘이 약하고, 나이 든 사람은 불편하거나 고통스러워도 지금껏 자기 나름의 방식을 구축해 왔기에 굳이 변화하는 수고를 하려 들지 않는다는 것이다.

이토록 변화는 어렵다. 그러니 타인을 바꾸려고 너무 애쓰지 않는 것이 좋다. 즉, 상대에게 한두 번 말해도 고쳐지지 않으면, 그러려니 하는 게 낫다. 그렇게 하지 않고, 계속해서 싫은 소리를 한다거나 겁을 주는 등 거친 방법으로 상대를 바꾸려고 하면, 엄한 데 힘을 빼는 것일 뿐만 아니라 관계 또한 엉망이 되고 만다.

물들지 않는 아름다움

사람은 환경의 영향을 많이 받는다. 그만큼 노는 물의 영향이 지대하다는 말이다. 그런데도 간혹, 환경의 영향을 크게 받지 않은 채 타고난 성향을 그대로 유지하는 사람이 있다. 마치 진흙 속에 피어난 연꽃처럼.

상담소가 낡아 보여 인테리어 공사를 결심했다. 업자를 알아보던 중 15년 전 일을 맡아 줬던 사람이 기억났다. 그 당시, 일을 능숙하게 하는 것 같진 않았지만, 가격을 저렴하게 책정한 데다 고객이 원하는 대로 해 주려고 애썼다는 인상을 받았기 때문이었다.

그 사람에게 연락해 보니, 그는 이번에도 예상보다 저렴한 견적을 뽑았다. 그렇게 공사 기간을 열흘 정도로 예측한 뒤, 작업에 들어갔다. 그런데, 내부에서 인테리어에 대한 이견들이 나오면서 추가 주문이 거듭됐고, 예상보다 기간이 세 배 이상 길어지고 말았다.

그러자 그 업자는 오히려 자신이 걱정하기 시작했다. 기간이 늘어난 탓에 인건비 등의 추가 비용이 커졌는데, 이것을 두고 자신이 폭리를 취하려 한다는 오해를 받게 될까 봐 우려한 것이었다. 그런 그를 도리어 내가 안심시키려 애쓰기도 했다.

우여곡절 끝에 한 달여의 공사를 마치자 예상보다 깔끔하고 예쁜 상담소가 됐다. 방문하는 사람들도 전보다 정돈되어 보인다며 축하해 줬다. 이러한 인사를 받는 게 기쁘기도 했지만, 이번 공사를 통해 무엇보다 반가웠던 것은 고운 본성이 쉽게 변하지 않는 사람도 있다는 사실에 대한 발견이었다.

건축이나 인테리어 업계에서는 주인이 눈을 부릅뜨고 지켜보지 않으면, 똑같아 보이는 재질이라도 싼 것으로 바꿔치기한다는 말이 돌 정도로 속임수가 일상화됐다고 한다. 하지만 상담소의 공사를 맡아준 그 업자는 15년 전이나 지금이나 고객의 편의를 위해 최대한 애썼다. 속임수나 폭리가 난무하는 환경 속에서 본래의 순진성을 유지하기란 쉽지 않았을 텐데도, 그는 그때나 지금이나 세파에 찌든 흔적을 보이지 않는다.

드물게라도 그러한 사람들이 있다는 사실은 삶에 대한 희망이나 긍정을 갖게 한다. 날이 갈수록 각박해지는 오늘날의 세태, 돈 앞에서는 다 무릎을 꿇기 마련이라는 물질만능주의가 만연해 있다. 이러한 세태 속에서 그 인테리어 업자는 뭔가 희망을 갖게 한다. 그래서 그를 참으로 귀한 사람으로 여긴다.

사람의 온기를 만드는 법

학술모임인 '심연회' 일행들과 속리산 등산을 했다. 속리산 남쪽인 화북에서 오르는 길은 처음부터 끝까지 물이 흐르는 계곡을 끼고 있었다. 비가 자주 내린 덕택에 물소리는 청량감을 주기에 충분했고, 연녹색 잎사귀 사이로 비치는 봄볕도 마냥 부드러웠다. 어디 그뿐인가, 가파른 곳을 지나 고갯마루에 올라 맞는 바람은 꿀맛 같았다. 하지만 나이는 어쩔 수 없는지 평지가 아닌 언덕길은 버거웠다. 그럴수록 남에게 피해를 줘서는 안 된다는 일념으로 꾸역꾸역 올랐다. 다 같이 쉴 때도 2~3분 먼저 출발해 뒤처지지 않으려 애썼다.

드디어 문장대에 오르니 온 천지는 그야말로 햇살로 가득했다. 사방팔방으로 탁 트인 속리산 경관은 수려했고, 갓 피어오른 손톱만 한 크기의 새순들은 앙증맞아 간지럽게 느껴졌다. 사람들은 배낭을 풀면서 나오는 갖가지 진품들에 환호성 짓고, 40명이나 되는 인원을 제대로 세지 못해 절절매는 책임자를 놀리기도 하고 등 모두가 천진난만한 소년 소녀로 돌아갔다. 잠시 후 하산을 알리자, 나는 또다시 처지지 않으려 앞장서서 걸었다.

내려와 볼일을 마치고 나서야 비로소 사람들이 눈에 들어왔다. 옹기종기 모여 앉아 뒤늦게 내려오는 사람들을 기다리는 동안, 우스갯소리들을 하는데 여기서도 와르르 저기서도 와르르 웃음소리는 끝없이 이어졌다.

문득 나 자신은 그러한 즐거움에 별로 이바지한 게 없다는 사실을 깨달았다. 산을 오를 때나 내려올 때 묵묵히 걷기나 했으니 말이다. '아차!' 하는 심정이었지만 이미 늦은 뒤였다.

나와 가장 대비 되는 사람은 '철쭉' 님이라는 어른이었다. 그분은 연신 싱거운 말로 사람들을 웃음 짓게 하면서 처져있는 사람들에게는 물을 끼얹어 펄쩍 뛰게도 했다. 그런 광경을 보며 '기운도 좋으시지!' 하고 생각했는데, 사실 주위를 재미있게 만들고자 하는 그분의 각별한 노고였다.

집에 돌아와서 철쭉 님께 무사히 도착하셨냐는 전화를 드리며 반성하는 마음을 내비쳤다.

"힘든 나머지 다른 사람에게 말을 걸 새도 없이 걷기만 해 미안했어요."

이러한 말이 떨어지기가 무섭게 그분은 응수했다.

"그러게요. 그렇게 입 다물고 갈 바에야 혼자 가지, 뭣 하러 여러 사람과 함께 가느냐 말이오."

"뒤처지면 다른 사람들에게 민폐를 끼칠까 봐…."

"혼자서나 열심히 하는 그 버릇 고치지 않으면 안 돼요. 사람은 죽는 순간까지 더불어 살고자 주변을 신경 써야 하는 거요."

그분의 말대로 나는 이번 산행에서 힘들다는 이유로 존재감 없이 처신했다. 위치에 따른 역할을 해야 한다고 역설하면서도 여전히 그것을 게을리했다. 이런 사실에 무안해 '세 살 버릇 여든 간다는데 정말 그런 것 같아요'라고 어쭙잖게 변명을 하면, '연습을 안 해서 그렇지, 안 되는 게 어디 있느냐'는 핀잔이 돌아오곤 했다.

솔직히 말해, 이번에 부끄러웠던 것은 산행 자체가 힘들어 주위 사람들에게 말을 걸지 못했던 게 아니라는 사실이다. 새소리나 물소리 또는 바람 소리에 마음이 끌려 정작 사람에게는 무심하고 말았던 게다. 그렇기에, 연습을 안 해서 그렇지 안 되는 게 어디 있냐는 말을 듣고 말았다. 동물이나 자연이 아무리 좋아도 사람보다는 못하다는 사실을 왜 그리 잊어버리는지…. 자신에게 야속한 심정이다.

사소한 것이 언제나 더 중요하다

언젠가 명절을 앞두고 벌초를 마친 오빠가 투덜댔다. 친척 한 명이 도무지 마땅치 않게 일한다는 것이었다. 제대로 일하는 것도 아니고, 그렇다고 일을 안 하는 것도 아니고…. 주로 남의 일을 해 주고 살다 보니 그렇게 건성으로 하는 게 몸에 밴 것 같다며, 그 친척은 앞으로도 변변치 않게 살아갈 게 뻔하다고 했다.

그러한 말을 들으며 '별것 아닌 듯한 행동 하나하나에 그 사람의 무게나 깊이가 다 깃들어 있다'라는 생각이 퍼뜩 들어 고개가 절로 끄덕여졌다. 이 세상의 모든 행동에는 터럭만큼도 에누리가 없구나 싶어 새삼 묵직한 마음이 드는 것이었다.

이러한 까닭에 당장 눈앞의 이익만 바라보고 경거망동하게 행동하는 사람을 보면 걱정하는 마음이 든다. 미래는 현재 자기가 하는 행위가 결정하는 것이지, 결코 남이 만들어 주는 게 아닐 텐데…. 모든 행위의 결과는 결국 자기 자신에게 떨어진다. 그러므로 작은 흠이라도 묵직하게 여기는 자세가 우리에게는 필요하다.

사랑이 지닌 위력

한 부부에게 제법 말을 잘 듣고 속이 깊은 다섯 살 된 아들이 있었다. 아버지가 아들과 자주 놀아 줬던 터라 아들은 아버지를 퍽 따랐다. 그런데 이상하게도 그 아들은 방귀를 자주 뀌는 편이라고 했다.

어느 날 저녁, 아버지 앞에서 아들이 방귀를 풍풍 뀌어댔다. 그러자 방귀의 역한 냄새가 싫었던 아버지는 장난삼아 아들에게 이렇게 말했다고 한다.

"아빠가 너를 많이 사랑하는데, 방귀 뀌는 것만은 사랑하지 않아. 그러니까 정 방귀를 뀌려면 엄마 앞에서 뀌렴."

이 말에 아들은 별다른 반응을 보이지 않았다. 부모도 장난으로 한 말이기 때문에 대수롭지 않게 지나쳤는데, 그 이후 아들이 자꾸 배가 아프다고 했다는 것이다. 그래서 병원에 데려갔더니, 의사가 진찰하고 나서는 배에 가스가 차 있어서 아픈 거라고 말하더란다.

집에 돌아온 아버지는 아들과 놀면서 다시 이렇게 말했다고 한다.

"아빠는 널 사랑하고 이제는 방귀 뀌는 것도 사랑한단다. 그러니 마음 놓고 아빠 앞에서 방귀를 뀌도록 해."

그 부부는 이러한 이야기를 들려주며 놀라워했다. 이제 겨우 다섯 살 된 아들이 아버지가 그런 말을 한다고 어떻게 배가 아프도록 방귀를 참을 수 있냐며 의아해했다. 아빠가 방귀 뀌는 것도 사랑한다고 말한 이후부터 아들이 다시 방귀를 뀌는 동시에 더는 배 아파하지 않는다고 하니 기가 막힌다고 했다.

나 역시 그런 이야기를 들으며 사랑의 위력에 다시금 혀를 내둘렀다. 생존을 위해서는 누군가에게 기대야 하는 게 사실이다. 특히 인간의 경우, 의존 기간이 길어 보호자와의 애착 관계가 매우 중요하다. 그렇다 하더라도 아직 절제력이 약한 아이가 방귀 뀌는 것을 사랑하지 않는다는 아빠의 말에 배가 아프도록 참을 수 있다니….

그래서 사랑이라는 말 앞에서는 입을 다물게 된다. 그것으로 인해 죽고 사는 셈이니, 무슨 말을 덧붙이겠는가.

값지고 빛나게 쓴다

돈 버는 방법에는 관심이 많은 데 비해 돈 쓰는 방식에 대해서는 사람들이 머리를 쓰지 않는 것 같다. 하지만, 돈이란 쓰기 위해 버는 것인 만큼 잘 쓸 줄도 알아야 한다. 힘들게 번 돈을 아무렇게나 써버리는 것도 딱한 일이지만, 그렇다고 무조건 아끼기만 하는 것도 딱하다.

돈을 '값지게' 쓰는 것은 어디다 쓰느냐와 관련이 있다. 어떤 사람은 먹고 마시는 소모품에 주로 돈을 쓰기도 하고, 어떤 이는 믿을 수 있는 건 집이나 땅과 같은 것이라며 부동

산 투자에 몰두하기도 한다. 또, 어떤 자는 명품을 사기 위해 돈을 퍼붓기도 한다.

그런데, 과연 이러한 것들이 우리의 삶을 윤택하게 만들어줄까? 세속적인 포만감을 갖게 하거나 우쭐하게 만들지언정 인생을 진정으로 풍요롭게 하는 것 같지는 않다.

한편, 사람이 어려워하거나 필요로 할 때, 그 사람에게 돈을 쓰는 건 어떠한가? 다른 무엇보다 사람에 대한 존중을 우선으로 하며 돈을 쓰는 사람에게서는 훈기가 느껴지고, 은은한 품격이 맴돈다. 이러한 사람에게는 사람들이 모여든다.

삶의 진정한 풍요로움은 다름 아닌 인간관계에서 오는 것이기에, 결국 사람에 대한 존중을 앞세워 돈을 쓰는 것이 인생의 가장 큰 풍요를 불러오는 거로써 돈을 가장 값지게 쓰는 것이라고 본다.

행복은 대물림된다

부모의 간절한 바람은 자녀가 행복하게 사는 것이리라. 그런데, 많은 부모가 방향을 잘못 잡는 듯하다. 행복하게 살기 위해서는 무엇보다 '인간관계'가 좋아야 하는데, 많은 부모가 자녀의 학업적 성취나 경쟁력 강화에나 온 힘을 쏟고 있다.

그렇다면, 자녀가 원만한 인간관계를 할 수 있도록 부모는 무엇을 어떻게 해야 할까?

부모는 몸소 자녀와 잘 지내는 과정을 통해 자녀에게 다른 무엇보다 사람이 좋다는 것을 느끼게 해 주고, 나아가 대상과 교류하는 법을 익히게 해야 한다. 고기도 먹어본 자가 맛을 알듯이, 그러한 과정을 충분히 거친 자만이 사람 귀한 줄을 알기 때문이다. 존중받고, 관심받고, 친밀한 관계 속에서 자란 아이들은 남을 존중하고, 관심을 기울이고, 사람을 가까이하는 어른으로 자라게 마련이다.

더욱이, 행복은 DNA와 같이 유전된다. 부모가 행복해야 자녀도 그러한 부모 아래에서 안심하며 자라고, 그렇게 자란 자녀가 훗날 안정적인 가정을 이루어 행복해진다. 불안하게 성장한 자녀가 행복한 가정을 이루기란 하늘의 별 따기와 같다.

그러므로, 정녕 자녀의 행복을 바라는 부모라면, 부모 자신들이 먼저 행복하지 않으면 안 되고 가정에서의 인간관계 또한 잘 꾸려나가야 한다는 사실을 잊지 않아야 한다.

최우선으로 해야 하는 관계

많은 부부가 자녀를 낳아 키우면서부터 싸우기 시작한다. 자녀가 없을 때는 서로에게 집중하며 맞추지만, 아이가 태어나면서부터는 일이 많아지면서 힘들어지기 때문이다.

그만큼 엄청난 헌신 없이는 아이를 잘 키워낼 수 없다. 특히 아이에게 중요 대상인 어머니는 그 누구보다 많은 희생을 해야 한다. 이런 마당에 남편이 이런저런 이유로 가정에 소홀하면 그만큼 부인으로서는 약 오르는 게 당연하다.

하지만, 그렇다고 너무 박박 긁어대면 득보다 실이 커진다. 아내는 남편이 도와주지 않는다고 꼬집어대고, 남편은 그런 아내에게서 도망치려 드는 상황이 반복된다고 생각해 보라. 남자는 점점 밖으로 돌기 시작하고, 여자는 안에서 독을 키우는 악순환이 펼쳐질 것이다. 그런 탓에 서로를 미워하고 자식 하나만을 바라보고 사는 식으로 지내는 부부가 생겨난다.

그러므로, 건강한 가정을 만들기 위해서 우리는 언제 어디서고 배우자를 최우선으로 삼아야 한다. 여자는 모성애를 앞세우면서 남편을 소홀히 대하는 우를 범하지 말고, 남자는 고달픈 아내를 위해 많은 도움을 주어야 한다는 것이다.

자녀란 아무리 소중해도 다 크면 자신의 삶을 위해 떠나가는 존재이지만, 배우자인 남편과 아내는 끝까지 함께하는 동반자다. 이를 알지 못하고 자녀만 앞세우다 배우자와의 관계를 망치게 되면, 자식들이 커서 다 떠난 늘그막에 외로울 게 뻔하다.

다 같은 사랑이 아니다

사랑이라고 다 같은 사랑이 아니다. '건강한 사랑'은 부수적인 조건보다 대상 그 자체를 중시하는 사랑이다. 반면에 '건강하지 않은 사랑'은 대상보다 그 사람이 지닌 부차적인 것들에 더 욕심을 내는 사랑이다.

젊었을 때는, 이러한 두 사랑의 차이가 그리 도드라지지 않는다. 하지만 살아가다 보면, 순풍만 만나는 게 아니라 이런저런 역풍을 만나게 되는데 그럴 때 그 차이가 현격히 나타난다.

평소 티격태격 다투다가도 역풍을 만났을 때, 즉 역경에 처했을 때 모든 것을 제쳐두고 모든 힘을 다해 상대를 돕는 이가 있는가 하면, 그 반대로 불안을 이기지 못하고 자기가 더 난리를 치거나 도망치는 사람들이 있다. 상대가 자신의 기대에 부합하지 않는다며 실망하곤 떠나버리는 것이다. 전자는 대상 그 자체를 좋아한 사람, 즉 건강한 사랑을 한 사람이라고 할 수 있다. 반면에 후자는 그 대상의 조건들을 좋아한 사람, 즉 건강하지 않은 사랑을 한 사람이라고 볼 수 있다.

우리는 과연 어떤 사랑을 원하는가? 건강한 사랑을 받고자 한다면, 자기 역시 그러한 사랑을 해야 한다. 자기는 그렇게 하지 않고 조건을 따져 사랑을 하면서, 상대는 자기를 존재 자체로 사랑해 주길 바란다면, 그것이야말로 불공평한 일이 아닌가.

준 만큼 받기보다는

오랫동안 혼자 지내던 여성이 뒤늦게 결혼해 두 아이를 낳아 기르게 됐다. 어느 날 그녀가 내게 뜬금없이 말하길, 며느리 노릇을 하는 것과 남편과 두 자녀를 살피는 게 벅차긴 하지만 그래도 결혼하길 잘한 것 같단다. 새삼스레 무엇 때문에 그렇게 말하냐고 묻자, 그녀는 환하게 웃으며 답했다.

결혼 전 아주 친하게 지냈던 친구들이 몇 있었다고 한다. 결혼하고 출산하는 등 숨 가쁘게 몇 년을 지내느라 그 친구들과 가까이하지 못했단다. 그러다, 얼마 전에 만나 회포를 푸는데 그들의 분위기가 어찌나 빡빡한지 갑갑했다는 거다. 그들 모두가 선뜻 밥값이나 찻값을 내려 하지 않고 각각 내는 게 깔끔하다는 식의 태도를 보였단다. 자로 잰 듯 정확하게 주고 준 만큼 받으려는 그들을 보며, 자기도 결혼하지 않았으면 그들과 똑같은 상태였지 않았겠나 하는 생각이 들었다고 했다. 그래서 자기가 그날의 비용을 댔는데, 과연 그들과의 교류가 자기에게 무슨 득이 될지 회의가 든다는 것이다.

결혼한 뒤로 어쩔 수 없이 손위 시누이들을 비롯해 어린이집 부모들 또는 이웃집 아주머니들과 자주 어울릴 수밖에 없었던 그녀는, 확실히 그들의 마음 씀씀이가 자기보다는 넉넉함을 발견했다고 한다. 가정에만 있었기에 세련미는 떨어질지라도, 결혼생활을 통해 많은 것을 경험했기 때문인지 남의 어려운 사정을 잘 헤아리는 면을 그들은 지니고 있단다. 그런 점에서 어른 구실을 하게 만드는 결혼생활이 사람을 성장시키는 데 도움이 된다고 그녀는 말했다.

이러한 이야기를 들으며 나는 빙그레 웃었다. 내 것 내가 먹고, 네 것 네가 먹는다는 식의 개인주의적 태도보다 함께 어울리며 다소 손해를 보더라도 품어 주듯 살아야 하는 결혼생활을 긍정적으로 여기는 태도가 여간 대견한 게 아니었기 때문이다. 어른으로서의 구실을 하게 만드는 결혼생활이 버겁기는 하지만 그 덕에 성장한다고 말하는 그 부인, 자신의 현 상황을 긍정적으로 여기는 태도가 참으로 반가웠다.

4부

애쓰지 않는다

주어진 것에 만족하는 태도

내가 잘 아는 부부는 두 사람 다 의사였다. 그런데, 얼마 전 그 부인이 내게 와서 하소연했다. 다름 아닌 자녀의 성적 때문이었다.

그들의 딸은 공부를 퍽 잘했다고 한다. 중학교 때 전교에서 1~2등을 다툴 만큼 공부를 잘하자, 부부는 딸이 서울 의대를 갈 수 있으리라 기대했단다. 그러나 고등학교에 올라간 딸은, 중학교 때 공부에 너무 진을 뺀 탓인지 그때처럼 성적에 연연하지 않았고, 두루두루 친구 사귀는 재미를 만끽하더라고 했다. 성적은 여전히 우수했어도 전처럼 그렇게 특출나지를 않아 목표 수정을 해야 할 판이라며 그 부부는 속상함을 내비쳤다.

자기들이 악착스럽게 공부했기에 자녀도 당연히 그렇게 하리라는 기대, 자녀가 학업과 사회성을 골고루 익히는 게 바람직하다고 여기면서도 좀 더 좋은 학벌을 가졌으면 하는 바람, 경제적으로 쪼들리지 않으면 마음 놓고 더 공부에 열중할 수 있으리라 믿어 의심치 않았다는 그들….

사람의 욕심이란 끝이 없다고 느낀 나는 세상일이 그렇게 뜻한 바대로 흘러가진 않는다고, 우리의 삶에는 늘 변수가 생기게 마련이라고 했다. 아울러 욕심 많은 그 딸이 이 시기의 중요성을 몰라 친구를 사귀는 게 아니라, 공부해도 기대한 만큼 성과가 나오지 않아 짜증이 나서 그렇게 친구랑 노는 것인지도 모른다고 했다. 그러니 괜한 잔소리나 안달을 하다 딸과 갈등을 빚지 말고 침착하게 지켜보라며, 당사자인 딸도 오죽 힘들었으면 그랬겠나 하고 이해해 주면 딸도 다시 심기일

전할 것이라고 위로를 건넸다.

그러자 그 부인은 무슨 말인지 잘 알겠다며 마음을 비우도록 노력하겠다고 했다. 그러면서 얼마 전에 만난 어느 부부에 대한 말을 전해 줬다.

그 부부의 아들도 이번에 고3이 되는데 내신 성적이 거의 바닥이란다. 그런데도 그 부모는 아이들이 공부를 못하면 삐뚤어지기 쉬운데, 자기네 아들은 그렇지 않다며 환한 표정을 짓더라는 것이었다. 그 부모도 명문대학교를 나왔는데 어떻게 그리 평온한 표정을 짓는지 놀랐다고 했다. 자기네 부부와는 무척 대조를 이루어서 내심 찔끔했다는 거다.

나는 그러한 청량제 같은 이야기에 고개를 끄덕이며 말했다. 사람의 기품은 다름 아닌 '만족'에서 오는 것 같다고.

저급해 보이는 것을 추구한다고 하여 천박하고, 고급스러워 보이는 것을 추구한다고 하여 고상한 게 아니라, 물질이든 명예든 무언가를 추구하는 건 더 채우고자 하는 욕구에 뿌리를 둔 것이다. 그러므로 무언가를 채우려는 행위는 다 거기서 거기로 욕망에 근거한다는 면에서는 같은 게 아닌가.

반면, 아등바등하는 경쟁을 넘어 주어진 여건에 자족하는 태도에서는 고상한 기품이 느껴진다. 그렇게 해야 욕구의 종노릇을 그만두고, 진정으로 삶의 주인이 되어 품격을 지키는 것이 아닐까 한다.

덧없는 것들에 대하여

죽기 전에 누군가를 흠뻑 사랑하고, 또 누군가로부터 흠뻑 사랑을 받아보고 싶다며 눈시울을 붉히던 사람이 있었다. 그러한 말에 별다른 반응 없이 잠자코 있자, 그녀는 "선생님도 그러하지 않으세요?"라고 물었다. 자신의 그러한 꿈이 모든 사람이 갖는 바람, 즉 보편적인 꿈이라고 믿어 의심치 않는 것 같았다.

그러한 질문을 받고 '나도 그러한 사랑을 꿈꾸고 있는가?' 하고 잠시 생각해 봤다. 하지만 그렇다는 대답이 선뜻 나오질 않았다. 그런 사랑을 꿈꾸며 몹시 애달파하던 때도 있었지만, 그림자처럼 따라붙는 집착이나 서운함을 생각하니 그것을 원한다고 말하기가 주저된 것이었다.

누군가를 아주 좋아하게 되면 그와의 관계가 유지되기를 얼마나 간절히 바라는가. 또 그런 대상이 자기를 흠뻑 사랑해준다면, 그 마음이 변치 않기를 얼마나 고대하는가. 만약 조금이라도 전과 같지 않으면 마음이 서운하고 산란할 게 뻔하다.

그런데 이 세상에는 변하지 않는 건 어디에도 없다. 대상도 변하고 여건도 변하니 어느 하나 안심할 수 없는 게 우리 삶이라는 것이다.

그래서 감정의 휘몰아침이 심한 사랑에 발 담그고 싶은 마음이 그리 크지 않다. 한 번 좋은 맛을 보면, 그것을 그리워하거나 아쉬워할 텐데 그것이 성가시다. 영속하지 않을 바에는 차라리 조용히 지내고 싶은 마음이다.

그렇게 사는 게 심심하거나 지루할 수 있겠지만, 뜻대로 되지 않는 여건이나 대상을 갖고 씨름하지 않으니 그것도 좋지 않은가. 덧없는 것에 귀중한 삶의 시간을 허비하기보다는 자기를 알고, 자기를 성장시키고, 다른 이들을 위한 봉사로 복을 짓는 일에 더 열중했으면 한다.

스스럼없이 말하기

집단상담에는 다양한 사람들이 온다. 한번은 어느 회사의 지사장이라는 사람이 왔는데, 그는 습벽습벽 자기가 하고 싶은 말을 거리낌 없이 했다. 그러한 말에는 합당한 말도 있었지만 엉뚱한 말도 더러 있었다. 반면에 검찰 서기관이라는 남자는 입을 열었다 하면 이모저모를 살피며 아주 조심스럽게 말했다. 그가 하는 말은 정확할 뿐만 아니라 깊이가 있어 사람들의 감탄을 자아냈다.

그런데, 초반에는 사람들이 서기관을 더 신뢰하는 듯했

지만, 후반에 가서는 지사장에게 더 호감을 느끼는 듯했다. 어찌하여 그렇게 됐을까?

다름 아니라 자연스러움의 유무 때문이었다. 지사장은 타인의 평가에 그다지 개의치 않고 자신의 감정이나 의견을 그때그때 솔직히 드러냈다. 이러한 태도에 사람들은 긴장을 풀고 본인들도 그 사람처럼 스스럼없는 태도를 보였고, 그 덕에 친밀감을 쌓을 수 있었다. 이와는 대조적으로 서기관은 지나치게 신중한 나머지 무겁게 느껴져 시간이 갈수록 부담스러웠다. 나아가 그 앞에서는 실수해선 안 될 것 같은 긴장감에 사람들은 피곤해하는 것 같았다.

그 결과, 사람들은 자로 잰 듯 반듯하게 말하는 서기관보다는 그것이 맞든 틀리든 자유롭게 말하는 지사장에게서 생동감과 아울러 매력을 느낀다고 말했다.

이러한 극명한 대조를 보이자, 나는 이때다 싶어 서기관에게 말했다. 지사장이란 사람은 든든한 울타리 안에서 자유롭게 산 사람 같은 인상을 풍기는 데 반해, 서기관은 그런 보호막 없이 산 사람 같아 짠함을 느낀다고 말했다. 열등감을 지니지 않고서야 어찌 그렇게 용의주도하게 이것저것 살피며 말하겠냐고 한 것이다. 이러한 나의 언급에 그는 아무런 미동도 하지 않았지만 뭔가 간파당했다고 느꼈는지 얼굴을 확 붉혔다.

뭐든지 과하면 해가 된다는 이치를 다시금 실감한다. 용의주도함이 나쁜 것은 아니다. 사안에 따라 반드시 그렇게 해야 할 때가 있다. 하지만 일이 아닌 사람과의 관계에서는 철두철미한 완결성보다 자연스러운 소탈함이 더 우위를 차지한다.

자연스러워야 편안하기 때문이다. 그뿐만 아니라 과도한 긴장이 몸에 밴 사람은 어느 시점에 이르러 병으로 고생하거나, 주변 사람들에게 스트레스를 푸는 식의 까칠함을 지니는 등 여러 부작용을 겪게 된다.

그러므로, 스스로 부단히 애쓰며 살아야 하는 여건에 놓인 사람들이나 과도한 경쟁에 시달릴 수밖에 없는 사람들에게는 긴장을 풀어낼 수 있는 기술이 절대적으로 필요하다. 그

것은 다름 아니라 그때그때 자신의 목소리를 내는 것이다. 그렇게 해야 스트레스를 누적시키지 않아 생동감을 유지할 수 있고, 자연스럽고 편안해질 수 있다.

평범함의 가치

나를 찾아온 여성의 얼굴은 밝지 못했다. 프러포즈를 받았는데 답답하다는 것이었다. 무엇 때문에 그러냐고 묻자, 이미 나이도 꽉 찼는데 그 남자를 놓치면 자신의 노후를 스스로 책임져야 하지 않는가 하는 불안이 있단다. 본인의 직장이 탄탄하면 그런 불안을 떨쳐내겠지만, 그렇지 않으니 진퇴양난이란다.

그런 초라한 말을 하는 여성은 명문대 출신이었다. 학벌을 중시하는 한국 사회에서 그 정도의 학교면 자부심을 가지고 차라리 혼자 살려고 하는 판인데, 그녀는 이도 저도 아니었다.

가난한 집안에서 태어난 그녀는 공부만이 자신이 살길이라 여겨 독하게 공부했었다. 그렇게 명문대에 입학한 그녀는 스스로 생활비를 벌어야 했던 연유로 여기저기 뛰어다니며 과외지도를 많이 했고, 한창 벌 때는 부모님에게 돈을 보내드릴 정도로 일을 많이 하느라 학점관리를 하지 못했다. 막상 대학교를 졸업하고 취직하려 했을 땐 낮은 학점 때문이었는지 번번이 고배를 마셨단다. 상황이 이렇게 되자 그녀는 입시학원으로 발길을 돌렸다고 했다.

처음엔 대기업 사원의 초봉보다 더 많은 돈을 벌었다고 한다. 그런데 시간이 흐를수록 자신에게는 아무런 사회적 지위가 없다는 것을 느낄 수밖에 없었단다. 더구나 몇 년 전부터 학원가는 내리막길에 들어섰고, 낮과 밤이 뒤바뀐 생활에서 건강도 많이 약해졌다고 한다. 선택의 여지 없이 작은 회사에 들어가 일하고 있는데, 거기에서 만난 남자가 호감을 보여 결혼에 대해 고민 중이란다. 그런데 그 남자가 성에 차지 않기 때문인지 자꾸 눈물짓게 된다는 것이었다.

그 여성의 이야기를 들으며 나는 한숨지었다. 학창 시절에 학점관리에 최선을 다하지 못한 폐해가 이렇게 나타난다는 생각을 지울 수 없었다. 인제 와서 돌이킬 수도 없으니…. 집안의 경제 사정이 여의치 않으면 아르바이트를 하는 식으로 과외지도를 할 수도 있다. 하지만 그렇더라도 주객이 전도되지 않도록, 즉 학생의 본분인 공부를 충실히 하면서 아르바이트를 해야지, 아르바이트 때문에 공부를 소홀히 하면 안 되는 거였다.

나는 심호흡을 한 다음, 시간을 거꾸로 되돌릴 수 있는 것도 아니니 후회해 봤자 소용없는 일이라고 했다. 즉, 지나간 일은 지난 것이기 때문에 하는 수 없고, 현시점에서 그 남자와 결혼하는 게 자신에게 득이 되면 결혼을 하고 그렇지 않으면 하지 말라고 했다.

한참을 침묵하던 그녀는, 그가 착하기는 하지만 학벌이나 직장에 있어서 내놓을 게 없다고 말했다. 그러면서, 아무리 생각해도 그와 결혼하면 창피할 것 같다고 대꾸하는 게 아닌가. 이러한 말에 나는, 그렇다면 결혼해서는 안 된다며 남자를 망치는 죄나 지을 따름이니 아예 결혼 같은 것은 단념하라고 일렀다.

나의 말이 너무 냉정하게 들렸는지 그녀는 눈물을 내비쳤다. 그러는 와중에서도 자기가 옳지 않다는 사실을 본인도 아는데 그렇게까지 나무라듯 말해야 하냐고 따졌다. 조언을 듣고 싶기도 하지만 위로나 격려를 받고 싶은 마음도 있었는데 너무 단호하게 말하는 게 서운하다고 했다.

나는 웃고 말았다. 결혼하면 창피할 것 같다고 본인이 말해 놓고 그런 마음에 지지나 동조를 않는다고 서운하다고 하니 무슨 말을 더하랴 싶어서였다. 그녀의 말이 솔직함에 기반한 것이기에 비난할 수는 없다고 치더라도 어린아이 같아 자기중심적으로 느껴졌다.

그녀가 돌아가고 나서, 나는 사람마다 자기가 처한 위치에서 그 직분에 맞는 일을 다 한다는 게 얼마나 중요한지를 곱씹게 됐다.

아이는 아이다워야 하고 어른은 어른다워야 한다. 그러하듯 학생은 학생다워야 하고 직장인은 직장인다워야 한다. 그런데 이 당연해 보이는 일을 어찌 그렇게 어려워들 하는지…. 다시금 무난해 보이는 평범함의 가치를 깨닫게 된다.

진정한 아름다움

20대 때 저 멀리 있는 지역에 갔다가 주세피나라고 하는 종교인의 집에서 하루 머물게 됐다. 외출에서 돌아온 그녀가 옷장을 열고 겉옷을 걸어두는데, 거기에는 옷이 두서너 벌밖에 걸려있지 않았다.

그렇게 단출한 것에 놀라 옷이 저것밖에 안 되냐고 묻자, 당장 필요하지 않은 것은 다 남들에게 넘긴다고 대답했다. 평신도 사도직이라는 가톨릭 종교단체의 지도자로 있는 그녀의 생활이 한눈에 들어오는 순간이었다.

사치를 부리지 않는 것 같은데도 내 집안의 옷장 안에는 옷들이 빼곡하다. 그것이 부담스러울 때마다 나는 주세피나 씨를 떠올리며 한숨 짓는다. 홀가분해지고 싶다고 하면서도 좀처럼 그 옷들을 처분하지 못하고 끌어안고 사는 자신이 답답해서다. 언제 그 옷들로부터 훌훌 벗어나 자유로워질 수 있을지….

분명 물질적인 것들은 생활의 편리함이나 쾌적함을 제공하기에 없어서는 안 될 물건들이다. 하지만 너무 많이 바리바리 짊어지고 사는 형상이다. 언제부터 우리가 그렇게 누리고 살았다고 그 많은 물건을 등에 지고 사는지…. 죽어서는 동전 한 푼 가져가지 못한다는데도 욕심은 끝이 없다.

그런 것에 연연하지 않고 그냥 주어진 것에 자족하는 태도, 세속적인 욕망을 넘은 평온함의 자태. 그런 모습이야말로 참된 아름다움이고 기품이지 않을까 한다.

무엇이 사람보다 소중하리

2년 가까이 내게 상담을 받던 여성이 결혼을 앞두고 있었다. 예비 신랑 측의 경제 사정이 넉넉하지 않았던 터라 예물과 예단에 쓰는 비용을 줄이기로 했다고 그녀는 말했다. 이러한 이야기를 들은 나는, 신랑과 신부의 예물은 대폭 줄이더라도 시어른들께 드리는 예단은 아끼지 말라고 했다. 그것이 그들과 원만하게 지내는 첫 관문이라고 한 것이다.

그러자 그녀는 돈이 부족한데 굳이 그렇게 해야 하냐며, 이미 신랑도 자기네 부모는 물질적인 것에 연연하지 않는 사람들이니 그렇게 하자고 했단다. 그래도 나는 그렇게 하는 게 아니라고 말했다. 자식을 키운 부모는 자신도 모르게 보상받고 싶어 하는 마음을 갖게 마련이라며, 그런 것을 생략했다가는 서운한 마음을 키우게 된다고 일러줬다.

하지만 그녀는 좀처럼 말을 들으려 하지 않았다. 그리곤 결혼은 젊은이들이 하는데 당사자가 아닌 주위 사람들을 더 신경 써야 하는 게 힘들다며 푸념했다. 어른들이 지나치게 관여하는 것 같아 이해하기 어렵다는 것이다. 나는 고개를 끄덕이면서도 그것이 집단주의 문화의 산물이 아니겠냐며, 뭐든지 그렇게 된 역사나 배경이 있게 마련이니 싫다고만 할 게 아니라 어느 정도 받아들이며 조율을 하는 게 지혜라고 대꾸했다.

개인주의 문화권에 속한 서양은 자율성을 강조하는 편이다. 따라서, 진로 결정이나 배우자 선택과 같은 중요한 사안에서 본인의 의사가 가장 중시된다. 이런 사회에서는 부모가 자녀를 어느 정도 키워준 다음에는 금전적 지원을 끊는 편이다. 결혼하거나 보금자리를 마련하는 데에 별로 신경 쓰지 않는다는 말이다. 이에 비해 집단주의 문화권에 속하는 한국에서는 상부상조 같은 협동성을 강조하며 의사결정을 할 때 자신의 욕구나 견해보다 자신이 소속해 있는 단위, 즉 가족이나 회사나 조직에서 원하는 것을 반영하는 편이다. 혈연관계를 중시하기 때문인지, 자녀가 결혼할 때면 물심양면으로 지원하는 동시에 그만큼 관여하고자 하기도 한다.

나는 이런 설명을 하며, 단 얼마라도 부모의 도움을 받는 처지라면 그들의 입김을 거부하지 말라고 했다. 지원은 받으면서 관여를 거부한다면 이중적인 태도라고 한 것이다.

무엇보다 소중한 것이 관계이기에 새롭게 출발하는 그녀가 시부모와 부디 잘 지냈으면 하는 바람에서 그렇게 힘들여 설명해 줬다. 그 여성은 다소 뾰로통한 것 같았지만, 고맙게도 돌아가서 신랑과 다시 말해 보겠다고 했다.

그녀를 돌려보내며 나는 그들이 자신들에게 들이는 경비는 대폭 줄이더라도 주위 사람들에게는 넉넉하게 풀기를 간절히 바랐다. 예부터 어른들이 집안에서는 시래기 밥을 먹더라도 손님에게는 쌀밥을 지어 먹여야 한다고 말하지 않았던가. 다 그만한 이유가 있어서 그랬던 거다.

살아가면서 가장 중시해야 할 것은 사람의 마음을 얻는 일이다. 지능을 가진 존재는 아무런 이유 없이 누군가에게 호감을 느끼지 않고, 누구든 자기에게 잘해 주는 사람을 좋아하게 마련이다. 그러니 당장은 손해를 보는 것 같아도 상대에게 잘해 주는 게 널리 보면 더 큰 이득을 얻는 것이라고 여긴다.

달리 방법이 없으니

시골에서는 잘나가던 학생이 진학을 위해 대도시로 나왔다가 기가 꺾이고 마는 경우가 꽤 많다. 고향에서는 부모의 보호 아래 휘젓고 살았는데 도시에 나와서는 여러모로 탈이 나기 때문이다. 홀로 지내는 외로움, 낯선 도시 생활, 문화적 차이 등 생활상 불편한 것들이 한둘이 아니다.

기가 꺾였을 때의 모습은 대체로 두 가지로 나뉜다. 하나는 독하게 공부해 자존심을 빳빳이 세우는 것이고, 다른 하나는 푹 꺼지듯 위축되어 남의 비위를 맞추거나 그림자처럼 조용히 지내는 모습이다.

그나마 힘이 있어 공부라도 열심히 한 사람은, 애쓴 만큼 자신도 모르게 경직되어 성격이 모나지기 쉽다. 이러한 사람은 사회생활에서 자주 마찰을 빚고 적을 많이 만든다. 그럴수록 분한 마음으로 독불장군처럼 홀로 살아가는 형상이다. 이와는 달리 쪼그라들어 남의 비위를 맞추거나 그림자처럼 지내는 사람은 존재감이 없어 부당한 대우를 받곤 한다. 허약해 보이는 탓에 사람들이 대우해 주기는커녕 함부로 대하기 때문이다. 다른 사람들에게 아무런 손해도 끼치지 않았는데 그러한 대접을 받으면 얼마나 억울하겠는가. 피해의식을 키우지 않을 수 없다.

이쪽 유형이든 저쪽 유형이든 원만한 인간관계를 구축하기 어렵다. 지나치게 뻣뻣하거나 지나치게 유순하면 사람들이 그리 좋아하지 않거나 대우를 해 주지 않기 때문이다.

자신이 원해서 선택한 것도 아니고 주어진 조건 때문에 그렇게 된 것이라면 본인으로서는 억울할 수도 있다. 그러나 그냥 인정하고 소화하고자 노력하는 것 외에는 달리 방법이 없는 것들이 많다. 어떤 부모 밑에서 태어나느냐 또는 어떤 재주를 지녔느냐 또는 어떤 선천적 결함을 지니게 됐느냐와 같은 것처럼 어쩔 수 없을 때가 많으니 말이다.

그래도 스스로 억울하지 않도록 끊임없이 자신을 돌아다 보며 부족한 것은 채우고, 넘치는 것은 절제하는 식으로 다듬어가는 수밖에 없다. 그 누구의 것도 아닌 자신의 삶이기에, 우리는 죽을 때까지 성장해야 하는 것이다.

가장 큰 위로는 존재다

산책길에서 자주 보는 연세 드신 분이 있다. 언제부터인가 서로 가벼운 눈인사를 하게 됐고, 그렇게 말을 트면서 그분과 종종 걷게 됐다.

그분은 주로 정치나 본인의 가정사에 관한 이야기를 들려줬는데, 특히 어렸을 때 자주감자를 쪄서 칭찬받았던 이야기를 자주 해 줬다. 오늘 아침에도 그 어른은 무슨 말끝에 자주감자 이야기를 또다시 했다. 벌써 그 이야기를 5~6번이나 들었지만, 나는 처음 듣는 것처럼 그랬느냐는 식으로 응수했다.

예전 같았으면 이미 들었던 얘기라고 딱 잘라 말했을지도 모른다. 상대가 착각하여 같은 얘기를 반복하는 수고를 덜게 한다는 취지도 있고, 혹여나 그가 착각하지 않았더라도 되풀이된 얘기를 듣고 싶지 않다는 의사 표현을 하는 셈이다.

그러나, 앞으로도 자주감자 이야기는 처음 듣는 양 여러 번 듣지 않을까 싶다. 그분이 내게 말하는 내용은 어디까지나 나눔을 위한 소재에 불과하고, 더 중요한 건 그 시간과 공간을 자신의 이야기를 귀담아 들어주는 사람과 함께한다는 것임을 이제는 알기 때문이다.

누군가와 함께한다는 것, 삶에서 그보다 더 큰 위로가 있을까? 아무리 많은 것을 이뤘어도 외롭다면 성공한 삶이라고 보기 어렵다. 삶이란 함께하는 여정이지 다른 게 아닌 까닭이다.

사람답게 산다는 것

'사람답게 산다는 게 과연 무엇일까?' 하는 생각을 자주 하게 된다. 아마 무언가를 자꾸 되돌아보게 하는 나이 탓이리라. 이런 생각이 스칠 때면 으레 떠오르는 기억이 하나 있다. 벌써 오래전인데 그때 들은 이야기가 아직도 생생한 건 퍽 인상적이었기 때문이리라.

소년원에 있는 청소년들과 집단상담을 하느라 몇 년에 걸쳐 소년원에 드나든 적이 있다. 그때 알게 된 어느 젊은 남자 선생은 소년원의 교육환경 개선에 꽤 열의를 보였던 사람이다. 함께 식사를 마치고 잠시 산책을 하던 중 그는 자기 아버지와의 일화를 들려 줬다.

시골에서 자랐던 그 선생은 넉넉하지 못한 생활을 했다고 한다. 평생 흙만 파며 살았던 그의 아버지는 아들의 학비를 대기 어려워했고, 그탓에 일찍이 도시로 나왔던 그는 거의 독학하다시피 공부를 하느라 많은 고생을 한 것 같았다. 그렇게 어렵사리 대학교를 마친 뒤 직장을 잡고 결혼을 하고 보니, 그동안 아버지에게 어엿한 생신상 한번 차려드리지 못한 것이 마음에 걸리더란다.

그래서, 한 번은 고향에 내려가 아버지에게, 이제 자식들도 다 컸으니 칠순 잔치를 해드리겠다고 말씀드렸단다. 아버지는 이 말을 듣고 거절을 하시는데, 그냥 한두 번 하는 정도가 아니라 손사레를 치며 완강하게 싫다고 하셨다고 한다.

그 선생은 몇 차례 더 권하다 고집불통인 아버지에게 화를 냈다고 한다. 이제 자식도 다 컸으니 자식의 말도 좀 따라줘야 하지 않냐며, 자식들 체면은 생각하지도 않냐고 성질을 부렸다는 것이다. 그제야 아버지께서 속내를 내비치며 말끝을 흐리시더란다.

"누님도 칠순 잔치를 못 했는데 동생인 내가 어떻게…."

그러한 말을 듣고 기가 막혔던 자기는 맞받아치듯 소리를 질렀단다.

"고모님이야 그 집 자손이 신경 쓸 문제지, 왜 우리가 신경을 써야 합니까?"

"그래도 누님이 인근에 사시는데, 그럴 수야 없지."

이런 말을 흘리며 주름진 황톳빛 얼굴의 아버지는 그저 먼산만 바라보셨다고 한다.

그 선생은 이러한 말을 들려주며, 그 당시에는 그런 아버지를 도무지 이해할 수 없어 고리타분한 노인으로만 여겼단다. 그러나 나이가 들어가면서 아버지에게 점점 고개를 숙이게 된다고 말했다. 아버지가 고집불통이긴 해도 시집가서 평생 고생하며 산 누님을 딱하게 여기는 마음을 항시 가지고 계셨다는 것이다.

나 역시 그 이야기를 들으며 고개를 끄덕였다. 비록 제도 교육의 혜택을 받지 못하고 평생 땅을 일구는 가난한 농부로 살았어도, 형제간의 우애를 중요하게 여기는 그 아버지에게서 사람으로서의 무게가 느껴졌기 때문이다.

오늘날 우리들의 모습은 어떠한가. 그 어느 때보다 물질적 풍요를 누리는 시대를 살고 있지만, 넉넉하기는커녕 더 각박해졌고 늘 피곤해하며 산다. 어리면 어린 대로 경쟁에서 뒤지지 않으려고 안간힘을 써야 하고, 어른은 어른대로 많은 대로 많은 것을 누리고자 애쓰느라 너나 할 것 없이 모두가 몸살을 앓고 있다.

그러나 우리가 넉넉하게 살 수 있는 것은 다름 아닌 인간관계 속에서다. 서로를 소중히 하고, 사랑하며, 그리워하는 관계에서 우리는 충만감을 느낄 수 있다. 그런 의미에서 소년원 선생이 들려준 아버지 이야기는 이 건조하고 각박한 세상에서 더욱 빛나는 것임이 틀림없다.

마음의 중심을 잡는 요령

부모가 진짜 해야 할 일은 자녀가 마음의 중심을 잡도록 돕는 일이 아닐까 한다. 그렇게 하지 않으면 자녀가 훗날 엉뚱한 곳에서 헤맬 가능성이 높아지기 때문이다. 마음의 중심이 약하면, 찬찬히 살펴보는 여유를 갖지 못하고 아무 데나 훅하고 빨려 들어가기 쉽다. 그러면 밑도 끝도 없이 지난 일에 미련을 갖고 씨름하며 시간을 낭비하게 된다.

물론, 마음의 중심을 잡지 못해 이리저리 흔들리는 게 다 나쁘지는 않다. 사람이 단단해지는 건 흔들림 때문이기도 하는 까닭이다. 하지만 그것도 적당해야지 과하면 해가 되고 불행으로 이어진다.

그런데도, 많은 부모가 자녀가 단단해지도록 마음의 중심을 길러 주는 건 뒷전이고, 오로지 자녀의 학업적인 성취에나 관심을 기울이고 있다. 그러나 앞서 말한 것과 같은 부작용을 방지하기 위해서는, 자녀의 능력을 키우는 데에만 열중할 게 아니라 자녀의 마음이 단단해지도록, 그리하여 중심을 잡을 수 있도록 도와야 한다.

이를 위해서는 자녀와 충분한 상호작용을 해야 한다. 자기를 믿고 지지해 주는 부모가 옆에 있을 때, 자녀들의 마음에는 자신감이 생겨나기 때문이다. 이렇게 자신감이 자라야 세상을 살아갈 적응력이 길러진다. 그뿐만 아니다. 자녀가 부모를 마냥 좋아하고 든든하게 여긴다면 훗날 살면서 엉뚱한 데 붙들릴 리 없다. 어딘가에 빠져든다는 것은 의지 대상이 없는 허한 마음의 반영인 까닭이다. 마음에 중심이 잡힌 자녀들은 순간적인 판단 착오로 허튼 곳에 빠지더라도 금세 헤치고 나와 삶의 주인으로 살아갈 수 있다.

고통이라는 주제

어느 누구도 안전을 보장해 줄 수 없는 게 우리네 삶이다. 워낙 예측불허의 변수들이 작용하는 탓이다. 그렇다면, 이렇게 녹록지 않은 현실을 살아가면서 어떻게 해야 위험에 따른 고통을 줄일 수 있을까?

고통 극복의 방안으로 상담에서 제시하는 방안은 좋은 인간관계를 만드는 것이다. 그러한 관계에서 든든함을 느끼게 되면 닥쳐오는 변수들에 덜 당황할 수 있기 때문이다.

그러나, 이러한 방법이 모두에게 적용되는 건 아니다. 상담사를 신뢰하거나 자신의 마음을 여는 데 어려움을 겪는 사람들도 있기 때문이다. 그리고 이렇게 점진적인 방안으로는 간에 기별이 안 갈 정도로 절박하거나 열악한 상황에 처해 몸부림치는 사람들에게는 좀 더 신속한 그 무엇이 필요하다. 그뿐만 아니라 현실에 적응하는 정도로 만족할 수 없고 그 이상의 가치나 의미를 추구하는, 좀 더 정신적 성장을 모색하는 사람들도 꽤 있다.

이럴 때는 종교를 통해 고통을 완화하거나 정신적 성장을 꾀하는 게 좋다. 죽음과 같은 두려움을 극복하기 위해 발전한 까닭인지 종교에는 엄청난 힘이 있기 때문이다. 한국의 대표적인 종교는 기독교와 불교라고 할 수 있는데, 전자는 믿음을 통해 구원을 받는 것이고, 후자는 이성적 이해를 통해 스스로를 구원을 얻는 것이다.

사람들은 두 종교를 놓고 어느 게 더 나은지 치열하게 공방을 벌이지만, 나는 상담사라는 정체성 때문인지 지극히 현실주의적이다. 따라서, 핵심은 대상에 있는 게 아니라 대상을 맞이하는 우리 자신에게 있다고 여긴다. 아무리 좋은 것이라도 자기에게 맞지 않으면 액자 속의 그림에 불과하다는 것이다. 즉, 어느 종교가 우열한지가 중요한 게 아니라 자신의 기질을 살피고 그것에 맞는 것을 따르는 게 중요하다.

따라서, 창조주라는 신에 대한 믿음이 가능한 사람이라면, 세상에서 맞이하는 온갖 고통을 모두 신에게 맡기고 자신은 홀가분하게 마음을 비우고 살길 권한다. 다시 말해, 어떤 것이 닥치든 주님과 함께한다고 믿고 자신이 할 수 있는 것을 하며 하루하루를 견디라는 것이다. 특히, 감성적이고 어떠한 대상에게 의지하고 싶은 사람이라면 사람의 형상을 한 예수님을 따르는 것이 적합할 수 있다.

반면, 창조주를 방편에 불과한 설정이라고 여기며 이에 믿음을 갖기 어려운 사람은, 자신의 힘으로 고통의 실체가 별것 아니라는 걸 순간순간 깨달아 거기에 휘둘리지 않는 방식을 택하는 게 좋다. 이런 사람들은 고통의 무아無我성을 철저히 인식하기 위해 자신의 탐욕, 성냄, 어리석음과 같은 것들로부터 스스로를 분리하는 수행을 하는 수밖에 없다고 본다.

어떤 게 더 어려운지를 논하는 건 부질없는 일이다. 사람에 따라 무조건적인 믿음을 갖기 어려워하는 사람도 있고, 이성적으로 고찰하며 수행하기를 좋아하는 사람도 있기 때문이다. 그러니, 각자 자신에게 맞는 것을 선택하고 그로 인해 삶에서 고통을 조금이라도 줄일 수 있다면, 어떤 방법이든 가치가 있다고 본다.

삶에는 균형감각이 필요하다

성공한 삶이란 어떤 것일까? 여러 가지 판단기준이 있겠지만, '삶의 동행자'를 얻었느냐의 여부로 판단하는 것도 괜찮지 않을까 한다. 인생에서 인간관계만큼 중요한 게 없기 때문이다.

삶의 동행자를 얻기 위해서는 다른 무엇보다 상대방의 마음을 얻어야 한다. 그렇게 하려면 상대방에게 시간과 공간을 할애할 수 있어야 한다고 본다. 곁에서 함께하며 공을 들여야 친밀감을 형성할 수 있고, 그래야 기꺼이 희로애락을 같이 하는 벗이 되어 주기 때문이다.

그런데 '사회적'으로 꽤 성공했다고 하는 사람들의 모습은 어떠한가? 진정한 의미의 성공한 삶과는 멀리 떨어져 있는 경우가 많다. 그들 대다수는 자기 일에 전념하는 능력자다. 그런 몰입력 덕분에 사회적으로 인정받고, 본인도 대단한 자부심을 지니고 있다.

하지만, 에너지를 온통 자신이 하는 일에나 쏟았기 때문인지 가족 등 가까운 사람에게는 소홀하기 일쑤다. 결국, 주변을 챙기지 못한 탓에 뒤늦게 집안에서 홀로 따돌려진 형상으로 지낸다.

관계를 돌아보지 못할 정도로 먹고살기가 어렵다면 어쩔 수 없지만, 기본적인 의식주가 해결된 상태라면 인간관계에 더 신경 써야 한다. 인간은 빵만으로 살 수 없고, 좀 더 고급인 정서적인 충족을 원하는 존재이기 때문이다. 즉 관심이나 배려 같은 따듯한 눈길 없이는 행복감을 느낄 수 없기에, 자기가 하는 일만 중요하게 여기는 사람 옆에서는 어떤 이도 견디어주기 힘들다는 말이다.

그렇다고 몰입력을 지닌 사람에게 자기 일과 주변 사람에게 쏟는 관심을 50대 50의 비율로 가져가야 한다고 주장하는 건 아니다. 90대 10과 같은 극단적인 불균형은 종국적으로 피해를 초래하기 때문에 70대 30과 같은 비율로라도 만들어야 한다는 것이다. 그래야 가족이나 친구 관계 등이 파국으로 치닫는 것을 방지할 수 있다.

정리하자면, 진정 성공한 삶이란 삶의 동행자를 얻었는지 아닌지가 가름하며, 이를 얻고자 한다면 적당한 '균형감각'이 필요하다. 관심을 적절히 안배하지 못하고 주변 사람이 함께하기를 꺼린다면, 아무리 자신의 분야에서 명성을 얻어도 절름발이에 불과하기 때문이다. 옆에 있는 사람을 외롭도록 방치하는 격이니 그 어찌 성공한 삶이라 할 수 있겠는가.

쓸모 있는 말

퇴근길에 차 안에서 라디오를 틀었다. 마침 상담 분야의 이야기가 나와 반가운 마음에 주의를 기울였다. 더욱이 상담사의 부드러우면서도 차분한 말솜씨는 호감을 자아냈다. 목소리로 봐서는 젊은 사람 같은데, 어찌 그리 조리 있게 말을 잘하는지.

그런데 그 상담사의 말을 다 듣고 난 뒤에는 허전하기 짝이 없었다. 말의 알맹이인 강조점 없이 유려하기만 했기 때문이다. 그렇게 차분하고 정연하게 말을 하는데 아무런 내용이 없다는 사실 앞에서 문득, '말을 잘한다는 게 어떤 것일까?' 하는 의문이 들었다. 그러다 어떤 학교 상담교사가 했던 말이 떠올랐다.

대학원생 시절, 슈퍼비전을 해 주던 상담사가 어찌나 말을 주옥같이 하던지 정신없이 받아 적었다고 한다. 그런데 2~3년 지난 뒤, 상담교사들의 공부 모임에 그 상담사가 슈퍼바이저로 와서 사례에 관한 논평을 해 줄 일이 생겼단다. 예나 다름없이 그 상담사는 여전히 주옥같이 말을 쏟아냈는데, 희한하게도 하나도 받아 적고 싶은 마음이 들지 않았다고 한다.

자기가 만나는 학생들은 열악한 환경 속에서 학업을 중단하니 마니 가출을 하니 마니 등의 문제로 씨름하는데, 그 상담사가 하는 말은 너무도 곱고 추상적인 말들이기 때문이었단다. 다시 말해, 그 상담사가 하는 말은 자기가 실제로 만나는 학생들에게 적용하기엔 너무 먼 거리에 있는 말이었다는 것이다.

나는 웃음을 터트렸다. 주옥같은 표현이라 정신없이 받

아 적었다는 것과 학생들의 상담에 실제로 적용할 수 없다는 것 사이의 간극이 너무 적나라해서였다.

말을 잘한다는 건 주옥같은 어휘를 사용하거나 유려한 말솜씨가 아니다. 특히 현실에 기반하지 않은 관념적인 말은 피부에 와닿지 않아 아무리 잘해도 빈 껍데기에 불과하다. 말이란 사실적이고 구체적이고 명확할 때 빛을 발한다. 버벅거릴지라도 내용이 있는, 즉 정곡을 찌르거나 핵심이 담긴 말을 하는 게 중요하다는 것이다. 그렇지 않고 벙벙하거나 모호한 말은 오히려 아니함만 못하다.

모두 쏟아붓지 않는다

60세를 전후한 사람들을 면밀하게 살펴보기 시작하면서 빈곤의 문제가 생각보다 심각하다는 것을 알았다. 이들 대부분은 한눈팔지 않고 열심히 산 사람들인데, 그래도 가난하다니….

노후 준비가 안 된 데는 여러 이유가 있었지만, 살펴보니 버는 족족 자녀의 교육비로 과도하게 써버린 탓이 컸다. 자녀 교육을 위해서라면 빚을 내서라도 지출을 해 왔던 거다. 사회 풍조가 그러니 여간 대차지 않고서는 어쩔 수 없었으리라.

높은 교육열이 한국 사회의 발전에 지대한 공헌을 한 건 부정할 수 없는 사실이다. 그 덕에 최빈국 중 하나였던 한국은 단기간에 가파른 경제성장을 이뤘고, 만만치 않은 경쟁력을 지닌 나라가 됐다. 이러한 기적의 바탕에는 배를 곯아가며 이를 악물고 자녀 교육에 헌신한 부모들이 있었다. 이렇게 교육을 통해 중산층으로의 진입을 몸소 실천한 그들은 누구보다 교육의 위력을 알았고, 그 때문에 자녀 교육에 열중하게 됐다. 그들은 자녀의 학업적 능력을 위해서라면 피땀 흘려 번 돈을 아낌없이 쏟아부었다.

그런데, 그렇게 돈을 쏟아붓듯 키운 자녀들은 오늘날 어떻게 살고 있는가. 취업하지 못한 이들은 아직도 부모에게 의지해 지내며, 나름 성공했다고 하는 이들도 자기 살기에 바빠 부모를 돌볼 처지에 있지 못하다. 예전과는 달리 지출이 많은 시대를 살기 때문에 웬만한 수입으로는 생활이 빠듯하기 때문이다. 이런 상황에서 아무런 노후 준비를 못 한 부모는 퇴임 후 경제적 빈곤으로 떨어질 수밖에 없다.

교육열이 국가발전에 공헌한 것은 사실이어도 노인 빈곤이라는 사회문제를 초래한다면, 이제는 생각을 달리해야 한다. 죽기 살기로 자녀를 위해 모든 것을 쏟아붓는 태도를 지양하고 자신의 노후를 준비해야 한다는 것이다. 그렇지 않으면 자녀는 자녀대로 경쟁의 과부하에 걸려 힘이 들고, 부모는 부모 대로 형편없는 생의 마무리 하고 만다.

건조한 태도를 접하고

요즘에는 사람 간의 만남을 그저 일회성 만남으로 취급하는 사람들이 많다. 이렇게 사무적으로 된 데에는 여러 가지 이유가 있으리라. 열악한 작업 환경 때문일 수도 있고, '너는 너, 나는 나'가 당연시되는 사회 풍조 때문일 수도 있다. 하지만 뭔가 아쉽다는 생각을 금하기 어렵다.

모르는 사람에게 사무적인 태도를 보이는 것도 삭막하게 느껴지는데, 늘 마주하는 동료나 이웃에게도 그런 태도라면 삶이 너무 건조해 안타깝다. 그러지 않아도 과도한 경쟁으로 피곤한데, 그렇게까지 살벌하면 무슨 재미로 살겠는가.

삶을 윤택하게 만드는 것은 사람에게 공을 들이는 데서부터 시작한다고 볼 수 있다. 정성을 들이면 들인 만큼 돈독한 관계가 형성되고, 그런 관계에서 삶의 풍요로움이 형성되는 까닭이다. 그렇게 하지 않고 관계를 팽개치면 그만큼 삶의 질은 떨어지고 만다.

소득수준이 높아진 만큼 사람들 간의 끈끈함이 적어진 요즘 세상. 물질적으로는 풍요로워졌어도 정서적으로는 피폐해지고 말았다. 굳이 상부상조하지 않아도 되는 만큼 상대에게 관심이 줄어들기 때문일까? 그렇다면 물질적으로 풍요로워지는 것도 마냥 달갑기만 한 일은 아닐 것이다.

잘살아보자는 구호 아래 눈이 눈코 뜰 새 없이 바쁘게만 사느라 삶에 있어서 정작 중요한 것을 잃어버리지는 않았는지 점검해 볼 일이다.

사람은 다듬어진다

합당한 말을 하려면 기준이나 상식에 근거해야 한다. 기준 없이 비상식적인 말을 용감무쌍하게 불쑥불쑥했다가는 우스꽝스러운 꼴이 되고 만다.

만약 내게 기준이나 상식을 어떻게 하면 갖출 수 있느냐고 묻는다면, 무엇보다 부모와 가까이하는 게 최선이라고 답하고 싶다. 부모는 자녀에 비해 수많은 경험을 한 사람들로서 세상살이에 대한 나름의 지식을 가지고 있기 때문이다. 그리고 이들은 자식을 위해서라면 그것을 아낌없이 풀고 싶어 하는 사람들이다.

그다음으로는 가능한 한 사람들과 많이 어울리라고 권하고 싶다. 사람들과 부대끼면서 보고 듣고 하는 가운데 많은 것을 익힐 수 있다.

이렇듯, 기준이나 상식은 인간관계 속에서 배워나가는 것이지, 교과서를 읽거나 홀로 하는 묵상에서 터득하는 게 아니다. 사람은 사회적 존재로서 태어나는 순간부터 죽을 때까지 관계 속에서 살아가는 존재다. 이러한 사람이 홀로 은둔하듯 살았다가는 아무것도 배우지 못한 채 낙오자가 되고 만다.

한세상 살다가는 것들

예전에는 강아지를 키우면서도 사람이 아닌 짐승이라고 여겼다. 그런 까닭에 병원비가 과다하게 나오면 불편한 마음이 들었다. 가난한 이웃을 도외시하면서 강아지 병원비를 내는 것이 죄스러웠기 때문이다.

그러나 강아지가 반려견으로 자리 잡아가면서, 나와 생김새는 다를지라도 가족의 일원으로 여기게 됐다. 아프면 응당 치료해 줘야 할 대상으로 보게 된 것이다.

강아지도 사람처럼 두 개의 눈을 가졌고, 콧구멍도 두 개며, 가지런한 하얀 이빨에 입술도 지니고 있다. 굳이 사람과 다른 것을 꼽으라면 네발로 걷고 꼬리를 가졌다는 정도다. 강아지도 사람처럼 감정이 있어 심심하면 함께 놀자며 보채고, 쓰다듬어 달라며 몸을 비비기도 하고, 야단을 치면 슬금슬금 눈치를 보며 아양도 떤다. 이러한 강아지를 어찌 우리와 다르게 생겼다고 홀대할 수 있겠는가.

사람이나 강아지나 다 같은 생명체라는 사실을 느끼니, 이제는 오히려 강아지를 짐승이라는 이유로 차별하기가 죄스러워졌다. 오늘도 몸을 내게 붙이고 누워있는 강아지, 모든 것을 내게 의지하는 그 모습이 사랑스럽다 못해 안쓰럽다. 내가 뭐라고…. 마냥 나를 의지하는 그러한 믿음에 배반감이 들지 않도록 잘해야겠다는 생각이다. 비단 강아지만이 아니라 목숨 지닌 것들은 다 똑같은 생명체라는 사실에 새삼 묵직한 마음이다.

절대로 옳거나 그른 것은 없으니

대학 졸업을 앞둔 학생들이 교수들에게 감사를 표하는 사은회를 열 때마다, 취직도 못 한 그들에게 인사받는 상황이 영 불편했다. 그러다가 학과장직을 맡게 됐을 때, 굳이 사은회가 필요하냐며 없애려 했다. 다른 교수들은 내 제안에 분명한 속내를 말하지 않아 다들 동조하는 것으로 여겼다.

그런데 나보다 윗분인 교수가 한마디했다.

"학생들이 돈을 쓰지 않도록 하는 게 미국식인가?"

유학을 다녀온 나를 찌르는 것 같아 긴장하며 대답했다.

"취직도 못 한 학생들이 사은회 비를 내는 게 딱해서요."

그러자 그분은 이렇게 말했다.

"그런 부분도 있기는 하지. 하지만 나는 기념일에 인사를 차리게 하는 것도 교육의 일환이라 생각해요. 그래서 우리 집에서는 아이들이 엄마인 내 생일을 그냥 지나치지 않도록 미리미리 알려 주지. 그렇게라도 해서 인사하는 버릇을 길러줘야 나중에 결혼해서도 집안 어른들의 생일을 챙기며 살지 않겠어?"

하나만 알고 둘은 몰랐다는 사실에 부끄러웠다. 딴에는 잘한다고 한 행동이 학생들에게 실용적 가치만 강조했다는 것, 그리고 보는 각도에 따라 하나의 상황을 얼마든지 다르게 볼 수 있다는 것을 이때 알았다. 당시 그 윗분 교수가 그렇게라도 일러줘 다행이었지, 그렇지 않았으면 나는 자신이 아주 잘하는 줄로 믿어 의심치 않았으리라.

사실 내가 대학을 졸업할 당시, 학생들에게 사은회는 매우 큰 행사였다. 스승에게 감사 인사를 올린다는 명목 아래

근사한 장소에서 파티를 열어 한껏 멋을 내기도 했다. 그 당시 나도 옷을 곱게 차려입고 스승님들에게 인사를 하고 함께 식사도 하고 사진을 찍으며 흥겨워했던 기억이 있다.

나 자신은 이러한 추억을 간직하면서도 어느 순간 실용적 가치에 꽂히고 말았다. 취직도 못 한 학생들이 사은회 비용을 감당하는 게 마음 아프다며 그 행사 자체를 없애려는 용맹을 떨었으니….

잘한다는 게 어떤 것인지 식별하기가 그리 쉽지는 않다. 이것이 옳은가 하면 저것이 옳고, 저것이 옳은가 하여 바꾸면 거기에도 폐단은 있다. 그래서, 절대적으로 옳거나 그른 것은 없다는 생각에서 점점 입을 다물게 된다. 옳고 그름이란 그때그때 상황에 따라 결정될 따름이지 절대적인 게 아니라는 것을 이제는 알 듯하다.

그때그때 가볍게 산다

초판 1쇄 발행 2022년 04월 18일
초판 11쇄 발행 2024년 05월 29일

지은이 장성숙
펴낸이 이부연
책임편집 박서영
마케팅 백운호
디자인 김윤남, 김숙희

펴낸곳 (주)스몰빅미디어
출판등록 제300-2015-157호(2015년 10월 19일)
주소 서울시 종로구 내수동 새문안로3길 30, 세종로대우빌딩 916호
전화번호 02-722-2260
인쇄·제본 갑우문화사
용지 신광지류유통

ISBN 979-11-91731-19-4 (03190)